Der
Umweltfahrplan

B.A.U.M.

Der Bundesdeutsche Arbeitskreis für umweltbewußtes Management

Der B.A.U.M. e.V. ist eine gemeinnützige Organisation, die aus unternehmerischer Eigeninitiative entstand. Zu den Mitgliedern gehören Unternehmen verschiedener Branchen und Größen, die neue Methoden der umweltbewußten Unternehmensführung erforschen, entwickeln und publizieren.
Als Mitglied des B.A.U.M.-Förderkreises haben Sie u.a. folgende Vorteile: kostenloser Bezug des Informationsdienstes, kostengünstige Beratung in allen Fragen des umweltbewußten Managements, Umweltberatung für Ihre Mitarbeiter u.v.a.m.
Nähere Informationen erhalten Sie bei
B.A.U.M. e.V., Christian-Förster-Str. 19, 2000 Hamburg 20

Wir machen mit!
☐ wir unterstützen B.A.U.M. mit einer einmaligen Spende (Scheck beigefügt)
☐ wir treten dem B.A.U.M.-Förderkreis als Mitglied bei
☐ wir unterstützen B.A.U.M. mit einem regelmäßigen Förderbeitrag von DM _____   ☐ mtl.   ☐ jährl.
B.A.U.M.-Konto-Nr. 40 666 76
Commerzbank Hamburg, BLZ 200 400 00

Firma: _____

Ansprechpartner: _____

Straße: _____

PLZ/Wohnort: _____

Datum: _____ Unterschrift: _____

Hiermit ermächtige ich B.A.U.M. e.V., bis auf Widerruf meinen Förderbeitrag von meinem Konto durch Lastschrift einzuziehen:
Lastschrift von DM _____ Förderbeitrag ab _____
von meinem Konto bei

Bank _____

Konto-Nr. _____ BLZ _____

Wenn das Konto die erforderliche Deckung nicht aufweist, besteht keine Verpflichtung des Geldinstituts, die Lastschrift auszuführen.

Datum _____ Unterschrift _____

Die angegebenen Daten werden unter strenger Beachtung der Datenschutz-Vorschriften automatisiert zum Zwecke von B.A.U.M. e.V. bearbeitet. Sie werden keinem Dritten zugänglich gemacht.

Der Umweltfahrplan

Ein praktischer Ratgeber für Haushalt und Familie

Herausgeber: A.U.G.E. Hamburg
(Aktionsgemeinschaft Umwelt, Gesundheit, Ernährung e.V.)

Idee und Konzeption:
Dr. Maximilian Gege

Koordination und Realisation:
Heinz-Jürgen Pick

Text und Recherchen:
Karin Riedesser

Fachwissenschaftliche Informationen zum Thema »Lacke und Farben«:
Dr. Wolfgang Linden

A SCHONEN U SCHÜTZEN G SPAREN E

Zum Thema Umwelt sind im FALKEN Verlag auch die folgenden Bücher erschienen:
Umweltschutz. Das Öko-Testbuch zur Eigeninitiative (4160)
Garten ohne Gift (4425)
sowie zahlreiche Bio- und Naturgartenbücher.

CIP-Titelaufnahme der Deutschen Bibliothek

Riedesser, Karin:
Der Umweltfahrplan: ein praktischer Ratgeber für Haushalt und Familie / Text u. Recherchen: Karin Riedesser. Hrsg.: A.U.G.E. e.V., Hamburg (Aktionsgemeinschaft Umwelt, Gesundheit, Ernährung e.V.). Fachwiss. Informationen zum Thema »Lacke und Farben«: Wolfgang Linden. – Niedernhausen/Ts.: FALKEN, 1990
 (FALKEN Sachbuch)
 ISBN 3-8068-1103-2

ISBN 3 8068 1103 2

© 1990 by Falken-Verlag GmbH, 6272 Niedernhausen/Ts.
© der Originalausgabe 1989 by A.U.G.E. e.V.,
2000 Hamburg 20
Die Verwertung der Texte und Bilder, auch auszugsweise, ist ohne Zustimmung des Verlags urheberrechtswidrig und strafbar. Dies gilt auch für Vervielfältigungen, Übersetzungen, Mikroverfilmung und für die Verarbeitung mit elektronischen Systemen.
Titelbild: Birgit Gege, Hamburg
Die Ratschläge in diesem Buch sind von der Autorin und dem Verlag sorgfältig erwogen und geprüft, dennoch kann eine Garantie nicht übernommen werden. Eine Haftung der Autorin bzw. des Verlages und seiner Beauftragten für Personen-, Sach- und Vermögensschäden ist ausgeschlossen.
Satz: Dinges+Frick, Wiesbaden
Druck: Mainpresse Richter Druck GmbH, Würzburg

Inhaltsverzeichnis

Vorwort	6
Einleitung	11
Wasserschutz im Haushalt	13
Wassereinsparung ohne Komfortverlust	17
Wasser schützen – eine Aufgabe des Haushalts	21
Wasch- und Reinigungsmittel – mehr Schein als Sein	23
Waschmittel mit Bedacht eingesetzt	25
Was tun, wenn's passiert ist? (Erste-Hilfe-Tips)	45
Putzen und Pflegen – kein Kinderspiel	45
Was tun, wenn's passiert ist? (Erste-Hilfe-Tips)	53
Lacke und Farben vernünftig eingesetzt	56
Augen auf bei Auswahl und Verarbeitung	57
Energie nicht verschwenden – richtig verwenden	63
Richtig heizen – aber nicht die Umwelt	66
Warmwasserbereitung und Beleuchtung	69
Fleißige Helfer im Haushalt	71
Autofahren – Schadstoffe sparen	82
Umweltschonend autofahren – geht das?	83
Ernährung – Verzehren wir unsere Umwelt?	94
Müll gesondert betrachtet	102
Vermeiden kommt vor Verwerten	104
Einkaufstips nützen – Umwelt schützen	119
Anhang	127
Giftnotrufzentralen	127
Wichtige Adressen und Literatur	128
Literaturnachweis	138
Bildnachweis	140
Die A.U.G.E. e.V.	141
Register	143

Vorwort

Lieber Leser,
jeden Tag hören und sehen die Menschen neue Hiobsbotschaften über den Zustand unserer Umwelt. Waldsterben, verseuchte Meere, Seen und Flüsse, steigende Müllberge, drohende Klimakatastrophen. Und der einzelne fragt sich, was er überhaupt gegen die Zerstörung unserer natürlichen Lebensgrundlagen Boden, Luft und Wasser tun kann.

Es klingt ganz einfach. Wir alle sind aufgefordert, jede Chance und Möglichkeit zu nutzen, um unsere Umwelt zu schützen. Umweltschutz fängt tatsächlich bei jedem selbst an. Jeden Tag treffen wir alle viele Entscheidungen, die sich für oder gegen die Umwelt auswirken.

Wir können Wasser sparen, den Energieverbrauch reduzieren, Abfälle vermindern, zumindest sortieren und zum Recyclen bringen. Wir können umweltfreundlichere Produkte kaufen, die zum Teil mit dem »Blauen Umweltengel« gekennzeichnet sind, wie z.B. runderneuerte Reifen, Hygiene-Krepp aus Altpapier, asbestfreie Bodenbeläge, schadstoffarme Lacke, Zink-Luft-Batterien, Pflanzentöpfe und ähnliche Formteile aus Altkunststoffen, umweltfreundliche Rohrreiniger, Produkte aus Recycling-Kunststoffen, wassersparende Spülkästen, insektizidfreie Schädlingsbekämpfungsmittel für Innenräume, Rauhfasertapeten aus Papier-Recycling, formaldehydarme Produkte aus Holz/Holzwerkstoffen, wassersparende Durchflußbegrenzer, Bodenverbesserungsmittel/Bodenhilfsstoffe aus Kompost, solarbetriebene Produkte und mechanische Uhren usw.

Wir können in vielen Fällen auf Spezialreiniger verzichten. Wir können das Auto auch mal stehen lassen, kurze Strecken zu Fuß oder mit dem Fahrrad zurücklegen und auch des öfteren die öffentlichen Nahverkehrssysteme benutzen. Viele Autos könnten umgerüstet werden mit einem Katalysator, beim Neukauf sollten generell nur Autos mit geregeltem 3-Wege-Katalysator angeschafft werden. Hohe Geschwindigkeiten kosten viel Sprit, Nerven und belasten unsere Umwelt unnötig. Warum also nicht ein persönliches Tempolimit – oder brauchen wir für alles den Gesetzgeber?

Alle Umfragen zeigen, daß die Bürger unseres Landes in Umweltschutzfragen stark sensibilisiert sind. Die Probleme entstehen jedoch bei der praktischen, täglichen Umsetzung, also bei der Frage, wer tatsächlich für »mehr Umweltschutz« verantwortlich ist. Der Staat, die Wirtschaft, der Autofahrer, die Landwirtschaft, die Kraftwerksbetreiber – oder vielleicht der Verbraucher?
Aber gegenseitige Schuldzuweisungen helfen uns und der Umwelt nicht weiter. Denn die Probleme sind – um nur einige zu nennen – zu groß geworden:
1. Die Müllberge wachsen ins Unermeßliche, es fehlen Sortieranlagen, Deponieflächen und Verbrennungsanlagen, vor allem aber Müllvermeidungsstrategien; wir stehen vor einem Müllinfarkt. Und den Müll einfach in andere Länder zu exportieren, kann und darf nicht die Lösung sein.
2. Die weitere Verschwendung von Energie und der Verbrauch fossiler Brennstoffe werden die Klimakatastrophe beschleunigen – mit unabsehbaren Konsequenzen für die Menschheit. Energiesparen ist somit das Gebot der Stunde.
3. Die weitere Verunreinigung der Meere und Gewässer würde zu einem irreparablen Zustand führen. Der tägliche Verbrauch von rund 145 Litern Wasser pro Kopf kann ohne Einbuße der Lebensqualität erheblich reduziert werden, dasselbe trifft auch für die industrielle Wassernutzung zu.
4. Immer mehr und in ihren vielseitigen Wirkungen nicht untersuchte Chemikalien belasten Boden, Luft und Wasser und letztlich auch die Menschen. Informationen über Inhaltsstoffe und die richtige Anwendung solcher Mittel beim Waschen und Reinigen, beim Renovieren und Bauen wie auch bei der Gartenarbeit sind wichtig für die Schonung unserer

Umwelt und unverzichtbar für einen vorbeugenden Gesundheitsschutz.
5. Es können bereits heute zahlreiche umweltfreundliche Produkte eingekauft werden, ich nenne hier besonders Umweltschutzpapiere, für deren Herstellung weniger Wasser, weniger Energie und weniger Chemikalien notwendig sind. Diese tragen den »Blauen Umweltengel«, werden aber insgesamt in viel zu geringem Umfang nachgefragt.

Wir stehen heute am Scheideweg und haben die Wahl zwischen einer Verhaltensweise, die weiterhin auf Verschwendung ausgerichtet ist, weil sie nur bei steigenden Wachstumsraten des Bruttosozialproduktes funktioniert und einen enormen Umweltverbrauch bedingt, oder einer Lebensform, die mit den knappen Ressourcen unseres Raumschiffes Erde sparsam und rücksichtsvoll umzugehen vermag.
Deshalb müssen wir alle beteiligten Gruppen unserer Gesellschaft zu einem umweltbewußteren Verhalten motivieren.

In unserem Umweltfahrplan sind zahlreiche Ratschläge eingearbeitet, deren Umsetzung beiträgt zu
- Abfallvermeidung und stärkerem Recycling
- Einsparung von Energie und Wasser in erheblichem Umfang
- einem sorgfältigeren und teilweise reduzierten Einsatz von Chemie
- einem verstärkten Einkauf von umweltschonenderen Produkten.

Ferner forcieren wir den Einsatz umweltschonender Haushaltsgeräte sowie die Umrüstung von Kraftfahrzeugen mit 3-Wege-Katalysatoren.
Die Nahverkehrssysteme müssen dringend verbessert werden, der Güterverkehr muß von der Straße zum Teil auf die Bahn verlagert werden, wenn wir in den Städten nicht ein permanentes Verkehrschaos mit allen negativen Konsequenzen hinnehmen wollen.
Der Philosoph Hans Jonas spricht vom »Prinzip der Verantwortung«. Ein verantwortungs- und umweltbewußtes Verhalten könnte dazu beitragen, daß wir durch

Energiesparen und Einsatz energiesparender Techniken 30% und mehr an Öl oder Gas einsparen, daß wir durch eine Reduzierung des viel zu hohen Wasserverbrauchs 1 Milliarde Kubikmeter Wasser sparen, und daß wir unsere Deponien und Verbrennungsanlagen leicht um einige Millionen Tonnen Abfälle erleichtern könnten.
Die Beispiele ließen sich beliebig fortsetzen, und bei rund 27 Millionen Haushalten in der Bundesrepublik Deutschland wird das enorme Potential für umweltschonendere Verhaltensweisen sicherlich deutlich.

Dasselbe trifft auch für die rund 1,9 Millionen Unternehmen zu, wo durch eine umweltbewußtere Unternehmensführung, die unter anderem durch den Bundesdeutschen Arbeitskreis für Umweltbewußtes Management (B.A.U.M. e.V.) breit unterstützt und propagiert wird, weitreichende Umweltentlastungen realisiert werden könnten.

Wir brauchen in allen Bereichen die Erkenntnis einer zunehmenden Vernetzung wirtschaftlicher, ökologischer und psychosozialer Faktoren und die Berücksichtigung ihrer Auswirkungen. Die bisherige Vorstellung, durch einen hohen Stand von Wissenschaft und Technik »alles im Griff zu haben«, wird durch immer tiefergreifende Störungen unserer Umwelt korrigiert. Es zeigt sich, daß uns die Komplexität der Umwelt heute mehr zu schaffen macht als je zuvor.

Über 100 Milliarden DM jährliche Kosten der »Umweltverschmutzung« sind vorwiegend Reparaturkosten, wie auch der größte Teil der ca. 250 Milliarden DM jährlichen Gesundheitskosten. Ohne die tiefgreifende Mobilisierung unseres Umweltbewußtseins und letztlich eines weitgehend umweltbewußteren, vorbeugenden Verhaltens aller Gruppierungen können alle Bemühungen jedoch nicht zu dem gewünschten und notwendigen Erfolg führen.

A.U.G.E. hatte deshalb für die bundesdeutsche Aktion »Die umweltfreundlichen Haushalte '89« das Motto gewählt:
Unsere Umwelt läßt sich nicht mit Worten schützen.
Nur mit Taten. Von jedem von uns!

Es geht auch ganz entscheidend um die Zukunft unserer Kinder. Deshalb legt die Kinderhand die Verantwortung für die Schöpfung in Form der Blume in die Hand des Erwachsenen, in unsere Hand.

Unsere Kinder sind es, die in der durch uns beeinflußten Umwelt weiterleben werden und müssen, und sie werden uns fragen, was wir wirklich für ihre und unsere Umwelt getan haben.

Wenn wir die Biosphäre für uns, unsere Kinder und nachfolgenden Generationen erhalten wollen, braucht unser Raumschiff Erde eine verantwortungsbewußte Mannschaft.

Lassen Sie uns alle diese Mannschaft sein, und lassen Sie uns alle bitte dazu beitragen, daß diese Mannschaft immer größer wird. Denn:

> »Alles, was wir heute tun, entscheidet, wie die Welt morgen aussehen wird.«

Und:

> »Wir haben diese Erde nicht von unseren Eltern geerbt, sondern nur von unseren Kindern geliehen.«

Ihr
Dr. Maximilian Gege
Gründer und Vorstandsvorsitzender
von A.U.G.E. e.V., Hamburg

Einleitung

Die Chemisierung und Technisierung machten die Hausarbeit zum Kinderspiel und brachten nicht nur der gestreßten Hausfrau ein Mehr an Freizeit – Freizeit, die auch zum Konsum animiert. Die Vorteile der Produkte sind aus der Werbung bekannt, deren Nachteile treten häufig erst bei der Verwendung und Entsorgung auf.

So entpuppte sich die nützliche Spraydose durch ihr Treibmittel als Ozonkiller und als Mülleimer füllendes Einwegprodukt. Die Umweltbelastung ist perfekt.
Neue Treibmittel oder sogar ein Spraydosenverbot könnten jetzt die Umweltbelastung mindern. Besser wäre es jedoch gewesen, wenn nicht jeder Haushalt jährlich rund 23 Spraydosen, sondern umweltverträglichere Produkte gebraucht hätte.

Besonders wichtig ist somit die Verbesserung unseres eigenen Konsumverhaltens.

> Fangen Sie in Ihrem Haushalt damit an!
> Seien Sie Vorbild für andere.

Begleiten soll Sie dabei unser »Umweltfahrplan« mit ausführlichen Tips zu den Bereichen
- Wasser- und Energiesparen
- Waschen und Reinigen
- Lacke und Farben
- Autofahren
- Ernährung und Umwelt
- Müllvermeiden und -verwerten und
- Einkaufen.

Eine übersichtliche Zusammenfassung mit konkreten Maßnahmen, Einsparungsmöglichkeiten und deren Auswirkungen auf die Umwelt und Gesundheit finden Sie am Ende eines jeden Kapitels. Die Angaben gelten für einen 4-Personen-Haushalt.

(Hochgestellte Zahlen in Text und Tabellen beziehen sich auf den Literaturnachweis im Anhang.)

Wasserschutz
im Haushalt

»Alles ist dem Wasser entsprungen! Alles wird durch das Wasser erhalten.«
(aus Goethes »Faust«)

Was schon Goethe in Worte faßte, sollte der Leitspruch eines jeden Haushaltes sein, denn: Wasser ist ein lebenswichtiges Element. Ohne Wasser ist das Leben nicht möglich.
Es dient der Ernährung und dem Wachstum von Menschen, Tieren und Pflanzen, dem Menschen insbesondere aber auch als
- Energie- und
- Abfallträger
- Mittel zur Abfallreinigung und
- als Transport- und Produktionsmittel.

Die Erde ist ein wasserreicher Planet, doch 97% des Weltwasservorrates sind Salzwasser, also ohne Aufbereitung für den Menschen als Trinkwasser ungenießbar. Die restlichen 3% sind zu 2/3 im ewigen Eis gebunden. Das verbleibende Oberflächenwasser ist durch den Menschen kaum noch oder nur durch aufwendige, komplizierte Aufbereitungen verwertbar.

Es bleibt das Grundwasser, das mit ca. 0,3% des Weltwasserreservoirs Mensch und Natur erhalten soll.
Der Kreislauf des Wassers (siehe nachfolgende Abbildung) wurde durch den Menschen zum **Kreislauf von Schadstoffen** aus
- Energieversorgung
- Produktion industrieller Güter
- Verkehr
- Landwirtschaft (Düngemittel und Pestizide)
- Haushaltsabwässern
- Mülldeponierung und -entsorgung.

Schon 1981 gelangten rund 50 000 verschiedene chemische Substanzen mit ca. 20 Millionen Kubikmetern in die Flüsse, Seen und Meere.[1]
Sie verunreinigen nicht nur die Oberflächengewässer, sondern auch mittlerweile das Grundwasser.
Die Aufbereitung des Trinkwassers wird immer schwieriger. Insbesondere die Rückstände der modernen Landwirtschaft bringen die Wasserwerke an die Grenzen ihrer Möglichkeiten. Rund 10% des Trinkwassers enthalten mehr *Nitrat* als zulässig (Grenzwert: 50 Milligramm/Liter).

Nach der neuen Trinkwasserverordnung darf das Trinkwasser seit dem 1. 10. 1989 außerdem nicht mehr als 0,5 Mikrogramm *Pestizidrückstände* pro Liter enthalten. Um diese Grenzwerte einhalten zu können, verbleibt den Wasserwerken häufig als einzige Lösung nur das Verschneiden verschiedener Wasserqualitäten, also von Wasser mit unterschiedlicher Belastung.

Wasserschutz im Haushalt

Zur Veranschaulichung: 0,5 Mikrogramm/Liter entsprechen einem halben Gramm in einem Würfel aus Wasser mit einer Kantenlänge von 10 Metern.

Ein weiteres Problem sind die *Abwässer*, jeweils zur Hälfte von Industrie und den Haushalten verursacht. Nur ca. 90% aller Haushalte sind an die Kanalisation angeschlossen, die das Abwasser in die Reinigung zur Kläranlage leitet. 10% der Abwässer werden kaum gereinigt, direkt eingeleitet oder verrieselt.

Die Kläranlagen der Bundesrepublik sind zum Teil veraltet und nur zu nicht einmal 10% mit der für die Phosphatentfernung erforderlichen 3. Klärstufe ausgerüstet.

Doch nicht nur die Verschmutzung des Wassers, sondern auch die Verknappung der Grundwasservorräte machen für uns das Trinkwasser immer wertvoller.

»Durch Veränderung der Struktur und des Ökosystems der Landschaft
- sinkt das Grundwasser unter die Oberfläche von Flüssen und Seen. Das stärker verschmutzte Oberflächenwasser läuft ins Grundwasser.
- Feuchtgebiete und Bäche trocknen aus.
- Die biologische Vielfalt der Landschaft reduziert sich.
- Bruchwälder können absterben, damit würden wichtige Filter- und Speichermassen verlorengehen«.[2]

Der **Wasserverbrauch** ist in der Bundesrepublik in den letzten Jahrzehnten erheblich gestiegen. 1950 waren es noch täglich 85 l pro Person, heute sind es schon 145 l. Zählt man den Verbrauch öffentlicher Einrichtungen hinzu, waren es 1985 ca. 325 l pro Kopf der Bevölkerung. Pro Tag verbrauchten wir rund 121 Mio. m³. Davon entfielen 8,8 Mio. m³ pro Tag und 3,2 Mrd. m³ pro Jahr auf die Haushalte.[2]

Aus der folgenden Graphik ist ersichtlich, daß ca. 2/3 des guten Trinkwassers für die Körperhygiene (Duschen, Baden, WC-Gang) durch die Abwässerkanäle rauscht. Lediglich 3–6 l (= 2–4%) brauchen wir zum Trinken und Kochen.

> Dieser großen Verschwendung kann schon mit wenigen Mitteln Einhalt geboten werden!

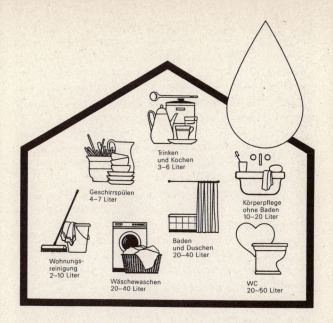

Wassereinsparung ohne Komfortverlust

Die konsequenteste Methode, Wasser zu sparen, ist die Nutzung von Brauchwasser (z.B. vom Duschen, Baden und von der Waschmaschine) oder von Regenwasser für die Toilettenspülung. In einigen Städten (z.B. Hamburg, Saarbrücken) bieten Behörden und Wasserwerke nicht nur Anleitungen, sondern auch finanzielle Unterstützung für den Selbstbau von Regenwasseranlagen. Die Abwasserrückführung bei Neubauten wird zur Zeit in Projekten untersucht.

Praktizierbares für alle Haushalte lesen Sie in den folgenden Tips. (Denken Sie daran, Wassersparen schont auch Ihr Haushaltsbudget!)
➡ Führen Sie zuerst eine Generalinspektion in Ihrem Haushalt durch.
➡ Versuchen Sie, die folgenden Maßnahmen in die Tat umzusetzen.

Wasser im Haushalt: Umwelt- und Spartips auf einen Blick

Maßnahmen	Einsparung im Jahr (DM)	Wirkung auf Umwelt	Wirkung auf Gesundheit
einmalig:			
⬆ In Toilettenspülung Spartasten oder Nachrüstsatz einbauen. Investition: ca. 10,– bis 30,– DM. (Lassen Sie sich beim Fachhandel beraten.)	ca. 175,–	Schonung der Grundwasser-reserven	auf lange Sicht gesundes Trinkwasser
⬆ Bei Neuanschaffung Spülkästen mit Umweltzeichen bzw. Druckspülung kaufen.		. . .	. . .
⬆ Durchflußbegrenzer bei Wasserhähnen und Dusche einsetzen. Ausnahmen: nicht bei Gas- und Elektroboilern und -durchlauferhitzern sowie Niederdruckspeichern! Investition: ca. 10,– DM.	ca. 180,–; rund 30% pro Installation[3]	. . .	. . .
⬆ Einhebelmischbatterien mit/ohne Thermostat installieren. Investition: ca. 200,– bis 400,– DM.	ca. 20,– bis 45,–	. . .	. . .
⬆ Bei Neuanschaffung wasser- und energiesparende Geräte kaufen. Lassen Sie sich bei Verbraucher- und Umweltberatungsstellen beraten.	Spülen: ca. 57,– Waschen: ca. 69,–	. . .	. . .

18 Wasserschutz

Maßnahmen	Einsparung im Jahr (DM)	Wirkung auf Umwelt	Wirkung auf Gesundheit
laufend:			
⬆ Abdichten von tropfenden bzw. laufenden Wasserhähnen und Toilettenspülungen. Investition: minimal.	bis zu 280,–; rund 200 l/Tag	Schonung der Energieressourcen und Abwasserentlastung	auf lange Sicht gesundes Trinkwasser
⬆ Duschen statt Baden spart jedesmal ca. 100 l Wasser. Investition: Verhaltensänderung.	ca. 180,– bis 540,–	. . .	. . . . . .
⬆ Geschirrspül- und Waschmaschine immer voll ausnutzen.			
⬆ 1/2-Spartaste nur in »Notfällen« benutzen. Waschen und Spülen möglichst ohne Vorwäsche bzw. Vorspülen	ca. 5,–/m³	Schonung der Grundwasserreserven und Abwasserentlastung	
⬆ Nichts unter fließendem Wasser waschen (z. B. beim Geschirr-, Gemüse- und Zähneputzen).			
⬆ Wenig Wasser beim Kochen und Reinigen nehmen.			

Wassereinsparung ohne Komfortverlust

Maßnahmen	Einsparung im Jahr (DM)	Wirkung auf Umwelt	Wirkung auf Gesundheit
⬆ Das Auto nicht zu Hause, sondern in Waschanlagen mit Umweltzeichen waschen. Investition: pro Normalwäsche ca. 10,– DM. (Das Waschen an Straßen und Gewässern ist in der Regel verboten, weil die verschmutzte Waschlauge über die Regensiele direkt ins Gewässer gelangt.)		Schonung der Grundwasserreserven und Abwasserentlastung	auf lange Sicht gesundes Trinkwasser
⬆ Den Garten möglichst mit Regenwasser wässern.		. . . . .	. . . . .
⬆ Möglichst wenig Boden zupflastern, damit Regenwasser dem Grundwasser zufließen kann.			
⬆ Weniger Wasser als im Vorjahr verbrauchen. (Wasserrechnungen vergleichen!)	ca. 5,–/m³		
Angaben zur Einsparung nach 3, 4, 5, 12			

Wie Sie aus der Tabelle ersehen, können Sie schon mit wenig Aufwand Wasser, Energie und Geld sparen und dadurch die Umwelt schützen.

Schon durch das Einsetzen von Toilettenspartasten, Durchflußbegrenzern, Einhebelmischbatterien und das Einsparen von Badewasser können Sie rund 700,– DM sparen. Das ist beinahe das Wassergeld für einen 4-Personen-Haushalt.

Die anfallenden Investitionen haben Sie auf jeden Fall in einem Jahr wieder eingespart!

Würde jeder Haushalt nur rund 1/3 an Wasser sparen, wären das 1 000 000 000 000 l Trinkwasser und 1/3 an Abwässern.

Finanzielle Anreize zum Wassersparen für Mieter und Eigentümer von Wohneinheiten bieten z.B. Hamburg und Stuttgart durch die Förderung des Einbaues von Wohnungswasserzählern. Erkundigen Sie sich bei Ihrer zuständigen Behörde!

Ein Modellprojekt der Hamburger Umweltbehörde ermittelte bei den beteiligten Haushalten Einsparungen von 35%. Bei Neubauten und Modernisierungen schreibt die Hamburgische Bauordnung seit 1987 den Einbau von Wohnungswasserzählern vor.

Wasser schützen – eine Aufgabe des Haushalts

Die Verschmutzung unseres Wassers wird durch eine Vielzahl von Chemikalien verursacht. Nicht abbaubare Stoffe sind besonders problematisch für die Umwelt und die Trinkwasseraufbereitung.

Zu diesen Stoffen gehören die *chlorierten Kohlenwasserstoffe* (CKW) und die *Schwermetalle*. Sie tauchen immer wieder im Kreislauf der Natur auf und sammeln sich langfristig in Leber, Nieren und Fettgeweben der Menschen und Tiere.

Ein warnendes Beispiel ist das Robbensterben an der Küste von Deutschland, Dänemark und Norwegen. Obwohl die Todesursache noch nicht eindeutig feststeht, ist ein Zusammenhang mit der zunehmenden Umweltverschmutzung unbestritten, beispielsweise durch den Eintrag von *Phosphat* und *Nitraten*. Sie überdüngen die

Gewässer und bringen sie zum Umkippen. Ein Vorgang, der unter Eutrophierung bekannt ist und Wasserlebewesen die Lebensgrundlage entzieht.

Der Phosphateintrag teilte sich 1987 wie folgt auf[6]:
- natürliche Quellen   2,1 %
- Landwirtschaft   25,0 %
- Wasch- und Reinigungsmittel   19,3 %
- Fäkalien und sonstige Abwässer 53,6 %

Natürliche Quellen sind Erosionen und Niederschläge.

Die Landwirtschaft setzt Phosphate zum Düngen ein. Zusammen mit der Gülle belasten sie die Gewässer erheblich. Zur Entlastung wird zum Teil auf kommunaler Ebene die Extensivierung der Anbauflächen und die Entschädigung der Bauern in Erwägung gezogen.
In Wasch- und Reinigungsmitteln haben Phosphate die Aufgabe, das Wasser zu enthärten. Zur Entfernung der Phosphate müssen die Kläranlagen mit einer chemischen Reinigungsstufe ausgerüstet sein. Das sind, wie wir bereits wissen, zur Zeit recht wenig. Der Ausbau wird von den Kommunen geplant.
Erst dann können Fäkalien und sonstige Abwässer ausreichend geklärt werden.
Aber nicht nur Phosphate gelangen durch die Haushalte in die Gewässer:
Nicht selten wird die Toilette als Abfalleimer für Essensreste, Fritierfette, Hygieneartikel, Zigarettenkippen und Lösemittel aus dem Hobbybereich benutzt, die Gewässer werden dadurch unnötig belastet.
Diese Artikel gehören in die Abfalltonne bzw. zum Sondermüll.
Unsere Kläranlagen haben genug zu tun. *50% aller Abwässer kommen aus den Haushalten.* Mit Seifen, Duschlotionen, Badezusätzen, Zahnpasten, Mundwässern, Wasch- und Reinigungsmitteln.
Letztere wollen wir uns im folgenden Kapitel etwas näher ansehen.

Wasch- und Reinigungsmittel
Mehr Schein als Sein

Pro Kopf und Jahr wandern ca. 1/2 Zentner Wasch- und Reinigungsmittel im Wert von insgesamt ca. 3,7 Mrd. DM[7] durch den Abfluß und *überfordern besonders an Waschtagen unsere Kläranlagen.*
Eine Abnahme des Verbrauchs ist nicht abzusehen. Dafür sorgen nicht zuletzt ständig neue Innovationen. Phosphatfreie und umweltverträglichere Produkte erobern den Markt und sind auf neue Generationen von Öko-Wasch- und Spülmaschinen zugeschnitten.
»Umwelt« wird großgeschrieben. Und ein Wirrwarr an Werbesprüchen versucht darüber hinwegzutäuschen, daß alle Wasch- und Reinigungsmittel die Umwelt belasten. Die einen mehr, die anderen etwas weniger.
Was gesetzlich kaum zu definieren ist, stellt auch das Umweltbundesamt oder Prüfinstitutionen vor Probleme. Daher gibt es zur Zeit noch keine vergleichenden, neutralen Umwelt- oder Gütezeichen für Wasch- und Reinigungsmittel, die die Umwelt weniger belasten.
Die gesetzlich geforderte Primärabbaubarkeit der waschaktiven Substanzen (WAS oder Tenside genannt) wird mittlerweile schon von fast allen Produkten erreicht.
Beim Primärabbau werden die WAS einmal geknackt und schäumen dann zumeist nicht mehr.
Unterschiede gibt es eher beim verbleibenden Totalabbau. Erst dabei werden die WAS in kleinste Bruchstücke zerlegt, die die Lebewesen in ihre Biomasse einbauen können.
Also lassen Sie sich nicht täuschen! Alles ist 100% biologisch abbaubar, es ist nur eine Frage der Zeit und der damit verbundenen Umweltbelastung.

- ➡ Wichtig ist die Dosierung, die Menge macht's.
- ➡ Gehen Sie sparsam mit Wasch- und Reinigungsmitteln um! Sie entlasten damit nicht nur die Gewässer, sondern vermeiden Verpackungsmüll (vergleichen Sie auch das Kapitel »Müll«).

➡ Überdenken Sie Ihr eigenes Wasch- und Reinigungsverhalten! Vielleicht können Sie schon mit wenig Aufwand etwas für die Umwelt tun.

Fangen wir mit unserem Hygieneverhalten an:
Trotz relativ hohem Wasch- und Reinigungsmittelverbrauch besagt die Statistik, daß wir Deutschen Unter- und Bettwäsche sowie Handtücher und Zahnbürste selten, aber die Oberbekleidung häufig wechseln. Ebenso putzten sich immer noch nicht alle regelmäßig die Zähne!

Lenken wir unsere Aufmerksamkeit dagegen auf den Sanitärbereich Bad und WC. Hier wird mit WC-, Sanitär-Desinfektions- und Abflußreinigern, Duftsteinen und Sprays gegen vermeintliche Bakterien und schlechte Gerüche gekämpft.

Was Sie wissen sollten:
- Jeder Mensch hat seinen eigenen Bakterienhaushalt. Er ist für ihn lebenswichtig, z.B. bei der Verdauung und zur Erhaltung seines Immunsystems.
- Übertriebene Hygienemaßnahmen (z.B. Routinedesinfektion) sind eher schädlich, können die Widerstandskraft schwächen und machen Krankheiten erst möglich.
  Das Bundesgesundheitsamt und erfahrene Hygieniker warnen deshalb vor einer regelmäßigen Desinfektion im Haushalt.
- Eine Desinfektion im Haushalt ist zudem kaum durchführbar. Auch werden Krankheiten selten durch Toiletten oder Fußböden übertragen.
  Bei ansteckenden Krankheiten (wie Tbc, Hepatitis) sollte der Arzt befragt werden.
- Eine regelmäßige Reinigung mit milden Reinigern reicht auch für den Sanitärbereich.

Sauberkeit ist wichtig. Aber an der richtigen Stelle:
➡ Mögliche Infektionsgefahren liegen eher im Küchenbereich. Durch unsaubere Oberflächen, Handtücher und Holzbrettchen können Salmonellen übertragen werden. Aber auch hier reicht eine regelmäßige und gründliche Reinigung ohne Desinfektionsmittel.
➡ Waschen Sie statt der Ober- lieber häufiger die Unterbekleidung!

Weiteres erfahren Sie in den folgenden Kapiteln.

Waschmittel mit Bedacht eingesetzt

Waschen ist notwendig. Und mit dem Einsatz moderner Waschmittel und -maschinen fast ein Kinderspiel. Waren es früher ganze Waschtage, sind es heute nur noch Stunden.
Noch weniger Zeit brauchen Sie, um mit Hilfe unserer folgenden Tips den Segen der Technik und Chemie zur Erhaltung unserer Umwelt und Gesundheit einzusetzen. Und Sie sparen dabei auch noch etwas Geld.

Wie Sie waschen sollten[8]:

➭ *Waschen Sie nicht öfter als nötig.*
Textilien aus Naturfasern wie Baumwolle, Leinen, Wolle oder Seide müssen nicht nach jedem Tragen gewaschen werden. Richtiges Lüften hilft oft, sofern der Artikel nicht wirklich verschmutzt ist.

➭ *Geben Sie nicht mehr Waschmittel als nötig in die Waschmaschine.*
Dosieren Sie das Waschmittel nach dem Härtebereich Ihres Wassers. Auskünfte erhalten Sie beim zuständigen Wasserwerk.
Die Angaben in ml (Milliliter) machen das Abmessen der richtigen Waschmittelmenge leichter.
Da die Waschmittelhersteller in letzter Zeit ihre Produkte den Öko-Waschmaschinen angepaßt haben, sollten Sie sich bei älteren Geräten unbedingt an die Dosierungsangaben auf der Waschmittelpackung halten.
Ab Härtebereich 2 lohnt sich bei der Verwendung von Waschmittelpulvern das »Baukastensystem«: Das Waschmittel dosieren Sie für den Härtebereich 1, den separaten phosphatfreien Enthärter aber für den Härtebereich, den Ihr Wasser hat, also 2, 3 oder 4 (siehe auch »Waschmittelauswahl«).
Sortieren Sie Ihre Wäsche nach Verschmutzungsgrad, Waschtemperatur und Weiß- oder Buntwäsche. Waschen Sie normal und gering verschmutzte Wäsche ohne Vorwäsche.
Durch das Weglassen der Vorwäsche können Sie etwas Waschmittel einsparen. Bei älteren Waschmaschinen empfehlen wir Ihnen, das Waschmittel in ein

weißes Taschentuch eingeschlagen zur Wäsche zu geben, da es sonst nicht voll ausgenutzt wird.

➡ *Waschen Sie nicht heißer als nötig.*
Wählen Sie die Kochwäsche nur bei Säuglings- und Krankenwäsche. Eine Heißwäsche bei 60°C reicht für normale hygienische Ansprüche. Bei verfleckter Weißwäsche empfehlen wir Ihnen, die Flecken separat vorzubehandeln (siehe S.36–42), gegebenenfalls auch die Energiespartaste und damit eine verlängerte Waschzeit zu wählen.
Kochwäsche braucht ca. doppelt soviel Energie wie 60°C- und ca. viermal soviel wie 30°C-Wäsche. Ausgehend von einem normalen Wäscheanfall im Haushalt und einem Strompreis von 0,25 DM/kWh, können Sie in einem 4-Personen-Haushalt bei richtiger Temperaturvorwahl pro Jahr ca. 50,– DM sparen.

➡ *Nutzen Sie Ihre Waschmaschine richtig aus.*
Wählen Sie stets die optimale Füllmenge für das ausgesuchte Programm. Wiegen Sie die Wäsche vor dem Waschen einmal aus! Richten Sie sich bitte nach der Bedienungsanleitung Ihrer Waschmaschine.
Sollte es unvermeidlich sein, nur die Hälfte der maximalen Wäschemenge zu waschen, benutzen Sie bitte bei älteren Maschinen die 1/2-Spartaste. Damit sparen Sie ca. 1/3 an Strom und Wasser. Dosieren Sie das Waschmittel nach Bedienungsanleitung.

➡ *Vergleichen Sie die Waschkraft der Waschmittel.*
Jeder Waschmittelhersteller ist verpflichtet anzugeben, für wieviel Waschgänge sein angebotenes Produkt ausreicht.

Waschmittelinhaltsstoffe und ihre Wirkung auf Wäsche, Mensch und Umwelt

Die Waschmittelinhaltsstoffe haben die Aufgabe, die Wäsche vom Schmutz zu befreien, und Wäsche und Waschmaschine dabei möglichst zu schonen.
Waschmittel, Wäsche und Waschmaschine müssen deshalb aufeinander abgestimmt sein.

Dies ist mit den heutigen Waschmitteln kaum noch ein Problem.

Problematischer erscheint das Waschen, wenn gleichzeitig dabei die Umwelt sowenig wie möglich belastet und Strom und Wasser eingespart werden sollen.

Es gilt, die goldene Mitte zu finden.

So sollten wassersparende Waschmaschinen nicht zu Waschmittelablagerungen und übertriebene Waschmitteleinsparungen nicht zu Kalkablagerungen auf der Wäsche und in der Waschmaschine führen.

Zur Beurteilung der Umweltbelastung ist es wichtig zu wissen, daß ein großer Teil der Waschmittelinhaltsstoffe in den biologischen Kläranlagen unter Sauerstoffzehrung abgebaut wird. Ein Teil fließt jedoch nach der Klärung in die Gewässer oder lagert sich im Klärschlamm ab. Der Klärschlamm dient noch immer zu ca. 25–40% der Landwirtschaft als Dünger.

Ein Waschmittel sollte daher möglichst schnell und vollständig abbaubar sein, ohne die Gewässer und den Klärschlamm stark zu belasten.

Die Waschmittelinhaltsstoffe sind auf der Verpackung in mengenmäßig abnehmender Reihenfolge aufgelistet. Die Rahmenrezeptur eines Vollwaschmittels sieht vereinfacht so aus:

Waschaktive Stoffe	10–15 %
Wasserenthärter	20–30 %
Bleichmittel	20–30 %
Waschalkalien	5–15 %
Neutralsalze, Wasser	15–25 %
Spezialstoffe	5–10 %
(Schmutzträger, optische Aufheller, Enzyme, Duftstoffe u.ä.)	

Wie Sie sehen, ist die Konzentration der einzelnen Inhaltsstoffe sehr unterschiedlich. Zwischen einzelnen Produkten gibt es wieder Abweichungen.

Nachstehend finden Sie eine hilfreiche **allgemeine Erläuterung und Bewertung der Waschmittelinhaltsstoffe** nach...

+ = Vorteilen
− = Nachteilen

Tenside
sind die eigentlichen waschaktiven Substanzen und machen ein Waschen erst möglich.
+ Sie entspannen das Wasser, so daß es mit ihrer Hilfe den Schmutz beseitigen kann,
− benötigen für den Abbau Sauerstoff, der bei fehlender Abwasserklärung dann den Gewässern entzogen wird,
− sind zum Teil schwer abbaubar oder
− bei hohen Konzentrationen auch fischgiftig.

Seife ist ebenfalls ein Tensid.
+ Sie ist leicht abbaubar,
− bildet aber in hartem Wasser unlösliche Kalkseife,
− braucht eine höhere Dosierung und daher viel Sauerstoff beim Abbau,
+ fällt aber bereits in der Kanalisation als Kalkseife aus, die in den Klärschlamm gelangt; dadurch entfällt die bei anderen Tensiden äußerst problematische Sauerstoffzehrung in der Kläranlage fast völlig.

Enthärter
(Phosphate, Silikate, Polymere, Citrate)
+ machen das Waschwasser weich und helfen, den Schmutz zu lösen,
+ verhindern Kalkablagerungen auf der Wäsche und in der Waschmaschine.

Phosphate dürfen in Deutschland durch die Phosphathöchstmengenverordnung nur noch eingeschränkt verwendet werden.
− Sie überdüngen die Gewässer und machen so jegliches Leben darin unmöglich.

Für die Phosphate wurden Ersatzstoffe (Silikate und Polymere) entwickelt und eingesetzt.
+ Bei *Silikaten* (Zeolith A) ist keine Umweltgefährdung zu erwarten. Sie werden langfristig zu Kieselsäure abgebaut,

- + *Polymere* sind nicht toxisch und verhalten sich umweltneutral. Sie lagern sich im Klärschlamm ab,
- − der Abbau wird zur Zeit noch untersucht.
- + *Citrate* sind in der Kläranlage sehr gut abbaubar,
- − sie wirken schlecht bei hohen Waschtemperaturen.

Bleichmittel
(Perborat, Percarbonat)
- + entfernen besonders schwierige Verfleckungen (wie Obst-, Tee-, Gras-, Rotweinflecken u.ä.) durch Sauerstoffbleiche,
- − können aber auch farbige Wäsche aufhellen.
- − Das in *Perborat* enthaltene Bor bleibt erhalten
- − und führt in höheren Konzentrationen zu Schäden an Wasserpflanzen und -tieren.
- − Der Stabilisator (EDTA) vermag Schwermetalle zu remobilisieren.
- − Perborat braucht für das Waschen bei niedrigen Temperaturen einen Aktivator (z.B. TAED),
- + der Energiesparen hilft.
- + *Percarbonat* ist leicht abbaubar und scheint eine sinnvolle Alternative zu sein,
- − verliert aber bei längeren Lagerzeiten an Wirkung und kann deshalb teuer werden.

Stellmittel
(Neutralsalze)
- + unterstützen die Rieselfähigkeit des Waschmittels,
- − dienen aber auch als Füllstoff und machen die Packung unnötig schwerer,
- − belasten die Gewässer und
- − können durch Ablagerung die Wäsche schädigen.
- + Konzentrate und flüssige Waschmittel enthalten keine oder nur geringe Mengen an Salzen als Stellmittel.

Optische Aufheller
werden bei der Textilausrüstung eingesetzt, um z.B. Naturfasern wie Baumwolle und Leinen weiß zu machen.
- − Sie müssen durch das Waschen erneuert werden (da sonst das Naturgrau bzw. -gelb durchkommt),
- − können bei pastellfarbigen Textilien unerwünschte Farbtonverschiebungen ergeben,

- werden z.T. beim Trocknen von der Sonne zerstört,
- können zu Vergilbungen führen und
- sind schwer abbaubar.

Vergrauungsinhibitoren
(Schmutzträger)
+ verhindern, daß der bereits gelöste Schmutz sich wieder auf der Wäsche absetzt,
- sind biologisch schwer abbaubar, aber ungiftig, und werden in Kläranlagen wieder entzogen.

Enzyme
(Eiweißverbindungen)
+ lösen eiweißhaltige Verschmutzungen (z.B. Blut, Milch) und
- können unter Umständen bei der Handwäsche zu Hautunverträglichkeiten führen.

Duftstoffe
+ überdecken den unangenehmen Geruch der Waschlauge,
- können in Einzelfällen zu Allergien führen und
- sind schwer abbaubar.

Waschhilfsmittel

sind Produkte, die das Waschergebnis verbessern oder die Nachbehandlung der Wäsche erleichtern sollen. Sie sind in den meisten Fällen jedoch überflüssig.

Waschverstärker
werden als Tücher, Pulver oder Spray zur Fleckenbehandlung angeboten.
+ Sie verringern bei richtiger Anwendung die einzusetzende Waschmittelmenge,
+ können gezielt bei stark verfleckter Wäsche eingesetzt werden,
- enthalten häufig mehr Wirkstoffe als nötig.
Vergleichen Sie bitte die Tips in unserer Fleckenkunde!

Weichspüler
- \+ bewirken, daß sich die Wäsche weich anfühlt und leichter bügeln läßt,
- \+ verhindern statische Aufladung von Wäsche aus Synthetik- oder Mischfasern,
- – verringern die Saugfähigkeit der Wäsche,
- – gelangen in der Kläranlage in den Klärschlamm, wo sie nicht 100%ig abbaubar sind,
- – sind bei Direkteinleitung ins Gewässer in höheren Konzentrationen giftig für Wasserpflanzen und -tiere.

Trockenhilfen
(Pflegetücher für Wäschetrockner)
werden zusammen mit der feuchten Wäsche in den Trockner gegeben.
- \+ Sie verhindern die statische Aufladung von Synthetikfasern durch den Trockenvorgang,
- – sind für die übrige Wäsche überflüssig, weil diese beim Trocknen im Wäschetrockner sowieso weich wird.

Appreturen, Steifen, Stärken und Formspüler
- \+ geben der Wäsche Fülle, Stand, Steife und Glätte, wo Weichspülen nicht angebracht ist.
- – Flüssige Kunstharzsteifen können bei nicht behandelter Wäsche im Waschprozeß zu Vergrauungen, An- und Verfärbungen führen,
- – belasten zusätzlich zum Waschmittel die Gewässer.

Eine Übersicht zu den Vor- und Nachteilen der verschiedenen Waschmittel finden Sie auf den nachfolgenden Seiten.

Waschmitteleinteilung nach Wirkung, Umweltbelastung, Kosten und Arbeitsaufwand

Waschmittel	Wirkung	Umweltbelastung	Kosten/Arbeit
1. Herkömmliche Vollwaschmittel* enthalten Tenside, Phosphate, Bleich- und Stellmittel, Enzyme, optische Aufheller und Duftstoffe (Wirkung und Nutzen siehe »Waschmittelinhaltsstoffe«).	auch bei verringerter Waschmittelmenge gut	merklich	normal, keine zusätzliche Arbeit
2. Feinwaschmittel* enthalten meist keine Bleichmittel und optischen Aufheller, können gut für normalverschmutzte farbige Textilien bei 30–60 °C Waschtemperatur verwendet werden.	gut (wenn keine Flecken vorhanden)	reduziert (da z. T. geringere Dosierung und keine Bleichmittel und optischen Aufheller)	normal (wenn keine Fleckenvorbehandlung)
3. Phosphatfreie Waschmittel *Pulver* enthalten umweltverträgliche Zeolithe und Polymere, sonst ähnliche Stoffe wie die herkömmlichen.	gut	geringer	normal, keine zusätzliche Arbeit
Flüssige enthalten einen erhöhten Tensidanteil, Seife als Gerüststoff, optische Aufheller, Enzyme, Duftstoffe, Wasser, Konservierungsstoffe und keine Bleichmittel.	zufriedenstellend[38], da keine	geringer (in Abhängigkeit von Anteil und Art	normal (ungefähr mit Pulvermitteln zu ver-

Waschmittel	Wirkung	Umweltbelastung	Kosten/Arbeit
	Bleichkraft) bei Fett- und Ölflecken besser als Pulver	der eingesetzten Tenside); reduziert durch Nachfüllpackung bei einigen Firmen	gleichen), keine zusätzliche Arbeit (eventuell Fleckenvorbehandlung bzw. Einsatz von Bleichmitteln)
4. Alternativwaschmittel auf Seifen- oder Seifen-/Tensidbasis haben keine Phosphate, optischen Aufheller oder Enzyme. Oft natürliche Duftstoffe, Carbonate als Bleichmittel und weniger oder keine Stellmittel (Neutralsalze).	zufriedenstellend bis weniger zufriedenstellend	sehr gering**	Kostenvergleich durch Unterschiede im Waschergebnis nicht möglich; zusätzlicher Arbeitsaufwand durch Fleckenvorbehandlung und Einsatz des Baukastensystems

Waschmittel mit Bedacht eingesetzt

Waschmittel	Wirkung	Umweltbelastung	Kosten/Arbeit
5. Alternativwaschmittel auf Tensidbasis mit oder ohne Molke Die waschaktiven Substanzen sind Tenside. Molke hat keine zusätzliche Waschwirkung.	zufriedenstellend bis weniger zufriedenstellend	gering/sehr gering** (in Abhängigkeit von Anteil und Art der eingesetzten Tenside)	Kostenvergleich durch Unterschiede im Waschergebnis nicht möglich; zusätzlicher Arbeitsaufwand durch Fleckenvorbehandlung
(Die Bewertung der Umweltbelastung erfolgte allgemein aufgrund der deklarierten Inhaltsstoffe; Angaben nach[9]) * werden immer mehr durch phosphatfreie Produkte ersetzt und langfristig ganz vom Markt genommen ** wenn nicht wegen der geringeren Waschleistung höher dosiert wird			

Waschmittelauswahl

Die Waschmittelauswahl ist abhängig von:
- Ihren individuellen Anforderungen an das Waschergebnis (legen Sie z. B. Wert auf strahlend weiße Wäsche, benötigen Sie ein Waschmittel, das nicht nur Bleichmittel, sondern auch optische Aufheller enthält. Beide sind nicht in den Fein- und Alternativwaschmitteln enthalten),
- Ihrer Bereitschaft, Zeit, Arbeit und Geld zu opfern,
- Art und Verschmutzung der Wäsche und
- der Waschtemperatur.

Wichtig ist in diesem Zusammenhang:
Je sorgfältiger Sie Ihr(e) Waschmittel auswählen und einsetzen, um so mehr schonen Sie die Umwelt.
Mit ein bißchen Überlegung, etwas mehr Arbeit und eventuell einigen Abstrichen am Waschergebnis ist es geschafft.
Probieren Sie zunächst verschiedene Waschmittel aus, bevor Sie sich für ein bestimmtes entscheiden.

> Denken Sie daran: hygienisch einwandfreie Wäsche muß nicht unbedingt weiß sein!

➡ Wenn Sie mit etwas weniger weißer Wäsche zufrieden sind (oder bei gering verschmutzter Wäsche), können Sie ein alternatives Waschmittel nach dem **Baukastensystem** benutzen. Hierbei stellen Sie Ihr Waschmittel selbst zusammen. Sie kaufen separat zum Waschmittel Enthärter und Bleichmittel

und mischen diese in Abhängigkeit zu Wäscheverschmutzung und Wasserhärte. Zum Beispiel so, wie es auf der nächsten Seite dargestellt ist:

Waschmittel mit Bedacht eingesetzt

Komponenten	Härtebereich			
	1	2	3	4
Waschmittel				
Enthärter				
Bleichmittel				

 Dosierung bei herkömmlichen Waschmitteln (automatische Zunahme in Abhängigkeit von der Wasserhärte)

 Dosierung beim Baukastensystem (flexible Zunahme)

Dieses System erfordert anfangs etwas mehr Übung als die bequeme Benutzung eines Vollwaschmittels, Sie verhindern damit aber, daß überflüssige Chemikalien unsere Umwelt belasten.

Bei allen Haushalten ergäben sich dadurch Waschmitteleinsparungen von 70 000 t.[10] Der Einsatz des Baukastensystems ist somit praktizierter Umweltschutz beim Waschen. Machen Sie Preisvergleiche, damit der Umweltschutz nicht zu teuer wird! Außer Enthärterpulvern werden auch noch separate Enthärteranlagen angeboten, die zwischen Wasseranschluß und Waschmaschine geschaltet werden. Diese Geräte enthärten das Wasser und sparen damit Waschmittel ein, geben jedoch beim Enthärten des Waschwassers Salz in das Abwasser ab. Die Spülgänge laufen mit »normalem« Leitungswasser.

⇒ Bei normal verschmutzter Buntwäsche ist die Benutzung eines Feinwaschmittels sinnvoll. Es enthält in der Regel keine Bleichmittel und optischen Aufheller und wird phosphatfrei angeboten.

⇒ In anderen Fällen (z.B. bei hartnäckigen Verfleckungen oder Kochwäsche) empfehlen wir Ihnen die Fleckenvorbehandlung (siehe »Fleckenkunde«), den Einsatz von umweltverträglichen Waschverstärkern oder phosphatfreie Vollwaschmittel. Bei der Verwendung neuer Vollwaschmittelkonzentrate können Sie aufgrund der geringen Dosierung bis zu 30% der Waschmittelinhaltsstoffe einsparen.

Wenn alle Haushalte nur 1/3 an Waschmittel durch die Optimierung ihres Waschverhaltens einsparen, ist dies eine Umweltentlastung von über 250 000 t!

Kleine Flecken- und Textilkunde

Am leichtesten haben Sie es, wenn Flecken gar nicht erst auftreten.
Verfleckungen können beim Tragen oder auch beim unsachgemäßen Waschen der Wäsche entstehen. So ist es z.B. ratsam, bunte und pflegeleichte Wäsche gesondert zu waschen. Überschüssige Farbstoffe können leicht zu bleibenden Verfärbungen bzw. Verfleckungen führen.

➡ *Achten Sie vor dem Waschen auf die Pflegekennzeichnung!* Sie gibt Ihnen Tips zur richtigen Behandlung Ihrer Textilien. (Vergleichen Sie dazu die Übersicht auf der nächsten Seite.)
➡ Ist ein Fleck erst einmal durch ein Mißgeschick entstanden, gilt als oberstes Gebot:
Fleck schnell behandeln – je länger Sie einen Fleck antrocknen lassen, desto schwerer ist er schließlich zu entfernen.

Die richtige Fleckenbehandlung steht immer im Zusammenhang mit der Verschmutzung und der Textilart. (So darf ein Nagellackfleck auf einer Acetatbluse nicht mit Aceton entfernt werden, da sonst Löcher entstehen.)

Zur Beseitigung von Flecken genügen meist relativ »sanfte« Mittel. Die chemische Reinigung sollte nur bei sehr starken, hartnäckigen Verschmutzungen in Anspruch genommen werden. Diesem Schritt kann man auch durch die Wahl gut waschbarer Textilien vorbeugen. (Bitte vergleichen Sie dazu auch unseren Tip zur chemischen Reinigung auf S. 39.)
Umweltschutz bedeutet auch:
Möglichst waschbare Textilien kaufen.

ARBEITSGEMEINSCHAFT PFLEGEKENNZEICHEN FÜR TEXTILIEN IN DER BUNDESREPUBLIK DEUTSCHLAND

Schaumainkai 87, 6000 Frankfurt am Main, Telefon: (0 69) 6 33 04-61

Symbole für die Pflegebehandlung von Textilien

Stand 1985

WASCHEN
(Waschbottich)

95	95	60	60	40	40	30	Hand	nicht
Normal-waschgang	Schon-waschgang	Normal-waschgang	Schon-waschgang	Normal-waschgang	Schon-waschgang	Schon-waschgang	Hand-wäsche	nicht waschen

Die **Zahlen** im Waschbottich entsprechen den **maximalen Waschtemperaturen**, die nicht überschritten werden dürfen. – Der **Balken** unterhalb des Waschbottichs verlangt nach einer (mechanisch) **milderen Behandlung** (zum Beispiel Schongang). Er kennzeichnet Waschzyklen, die sich zum Beispiel für pflegeleichte und mechanisch empfindliche Artikel eignen.

CHLOREN
(Dreieck)

Chlorbleiche möglich	Chlorbleiche nicht möglich

BÜGELN
(Bügeleisen)

heiß bügeln	mäßig heiß bügeln	nicht heiß bügeln	nicht bügeln

Die Punkte kennzeichnen die Temperaturbereiche der Reglerbügeleisen.

CHEMISCH-REINIGUNG (Reinigungstrommel)

auch Kiloreinigung		Kiloreinigung nicht möglich	keine Chemisch-reinigung möglich
möglich	mit Vorbehalt möglich		

Die **Buchstaben** sind für den Chemischreiniger bestimmt. Sie geben einen Hinweis auf die in Frage kommenden **Lösemittel**.
Der **Strich** unterhalb des Kreises verlangt bei der Reinigung nach einer **Beschränkung** der mechanischen Beanspruchung, der Feuchtigkeitszugabe und der Temperatur.

TUMBLER-*
TROCKNUNG
(Trockentrommel)

Trocknen mit normaler thermischer Belastung	Trocknen mit reduzierter thermischer Belastung	Trocknen im Tumbler nicht möglich

Die Punkte kennzeichnen die Trocknungsstufe der Tumbler (Wäschetrockner)

* Anwendung vorerst fakultativ

Wasch- und Reinigungsmittel

Grundsätzlich gilt:
- Vor der Fleckentfernung das Textil an verdeckter Stelle (z.B. am Innensaum) auf Farbechtheit prüfen.
- Grobe Verschmutzungen (z.B. Butter) erst vorsichtig abheben, mit Küchenpapier abtupfen und danach feucht ausreiben. Wichtig: immer zum Fleck hin wischen! Das verhindert die Bildung von Rändern.
- Eiweißflecke (Soßen, Eier, Blut, Kakao, Dosenmilch, Sahne u.ä.) mit kaltem Wasser,
- Fettflecke mit heißem Wasser und
- viele andere Flecken, besonders Obst-, Rotwein- und Teeflecken, mit Gallseife beseitigen.
- Woll-, Seiden-, Acryl- und Viskosetextilien nicht zu stark reiben. Sie rauhen leicht auf.
- Wolle nicht mit heißem Wasser oder Seifenlauge bearbeiten. Sie kann filzen.
- Seide nur mit kaltem oder lauwarmem Wasser behandeln, sofort danach waschen. Unbedingt die Pflegeanleitung beachten!
- Wolle, Seide und Polyamid nicht zum Bleichen der Sonne aussetzen. Die Textilien können vergilben.
- Seifenlauge zum Fleckentfernen und Waschen nur mit weichem Wasser herstellen.
- Fleckentferner mit Lösemitteln meiden. Sie können Gesundheitsschäden verursachen.
- Textilien möglichst waschen statt reinigen. Die Lösemittel in der chemischen Reinigung können bei unsachgemäßem Gebrauch zu Gesundheits- und Umweltschäden führen.
- Wenn eine Reinigung ansteht, Textilien nur in regelmäßig überprüfte Fachbetriebe bringen. Sie erkennen diese z.B. in Hamburg zusätzlich an folgendem Symbol:

Dieses Siegel bürgt für Abwasser- und Emissionsprüfungen und fachkundigen Service.

Tips zur umweltschonenden Fleckentfernung[11]:

Flecken	Behandlung
Bier	mit lauwarmem Wasser ausspülen, dann waschen.
Blut	in kaltem Wasser einweichen, Flecke mit Gallseife ausreiben, dann waschen.
Brandflecken	mit Essigwasser beträufeln, einige Stunden einwirken lassen, mit klarem Wasser gut ausspülen.
Butter	in lauwarmer Seifenlauge auswaschen, bei empfindlichen Stoffen Fleck mit Salmiakgeist oder Gallseife entfernen.
Eigelb	in lauwarmer Seifenlauge einweichen, dann auswaschen.
Eiweiß	mit kaltem Wasser ausspülen, dann waschen.
Fett	mit warmer Seifenlauge oder Gallseife auswaschen.
Fruchtsaft	mit Salz bestreuen und warmem Wasser auswaschen oder mit Gallseife ausreiben, dann waschen.
Glanzflecken	mit Essigwasser ausbürsten.
Gras	mit Gallseife ausreiben, dann waschen.
Harn	mit Seifenlauge auswaschen oder mit verdünntem Salmiakgeist oder Gallseife ausreiben.
Jod	anfeuchten, mit der Schnittfläche einer rohen Kartoffel ausreiben, mit kaltem Wasser ausspülen; wiederholen, bis der Fleck verschwunden ist, dann waschen.
Kaffee/Kakao	kalt einweichen, mit warmem (bei unempfindlichen Textilien mit heißem) Seifenwasser gründlich auswaschen.
Kugel- und Filzschreiber	mit Alkohol ausreiben, gelösten Farbstoff aufsaugen, mögliche Reste mit Gallseife auswaschen.
Lippenstift	mit Gallseife auswaschen.

Milch	mit kaltem Wasser ausspülen, dann waschen.
Nagellack	mit Aceton lösen (Vorsicht: nicht Acetat oder Triacetat!), dann waschen.
Obst	siehe »Fruchtsaft«
Rost	bei hellen Stoffen mit Zitronensaft beträufeln, bis der Fleck verschwunden ist, dann gut ausspülen; oder Stoff in Wasser mit etwas Glycerin legen, anschließend mit Seifenwasser auswaschen.
Rotwein	mit Salz bestreuen, einwirken lassen, abschütteln, dann waschen; oder Fleck mit Gallseife auswaschen.
Ruß	nie abwischen! Zuerst den aufliegenden Ruß abblasen, dann mit Salz bestreuen, einwirken lassen, mit Seifenwasser oder Gallseife auswaschen.
Schmiere	mit Speiseöl oder Margarine ausreiben, in Seifenlauge auswaschen, mögliche Fettreste mit Balsamterpentin* oder Gallseife entfernen.
Schuhcreme	mit Balsamterpentin* lösen, dann mit Seifenlauge auswaschen.
Schweiß	in Essigwasser legen, gut ausspülen und waschen.
Speiseeis	mit lauwarmem Wasser oder Gallseife entfernen.
Spinat	mit der Schnittfläche einer rohen Kartoffel abreiben, dann waschen.
Stockflecken und Schimmel	bei hellen Baumwoll- u. Leinenstoffen mit einer Paste aus Kreide, Seife und Wasser bestreichen, einwirken lassen und gut auswaschen; oder Fleck mit Gallseife ausreiben, ausspülen und waschen.

* Achtung, nicht ungefährlich! Siehe S. 58 und S. 62

Tips zur umweltschonenden Fleckentfernung: (Fortsetzung)

Flecken	Behandlung
Tee	mit Seifenlauge oder Gallseife auswaschen.
Teer	mit Speiseöl oder Margarine ausreiben, in Seifenlauge auswaschen, mögliche Fettreste mit Salmiakgeist oder Gallseife entfernen.
Tinte	dick mit Salz bestreuen, nach Einwirken abschütteln, mit Essig oder Gallseife nachbehandeln, gut ausspülen und waschen.
Vergilbungen	mit Waschmittel und einer Handvoll Salz waschen. (Bei synthetischen Stoffen sind die Erfolge nicht so gut.)
Wachs	nach mehrmaligem Knicken des Stoffes Wachs lockern und vorsichtig abkratzen, dann mit Lösch- oder Seidenpapier vorsichtig ausbügeln, bis alles Wachs herausgesaugt ist; mögliche Reste mit Spiritus ausreiben, in Seifenlauge auswaschen.
Wein	siehe »Bier«

Eine Zusammenfassung unserer Waschtips finden Sie in den nachfolgenden Übersichtstabellen.

Waschen: Umwelt- und Spartips auf einen Blick

Maßnahme	Einsparung im Jahr (DM)	Wirkung auf Umwelt	Wirkung auf Gesundheit
einmalig:		Abwasserentlastung, Schonung der Energie- und Wasserressourcen	auf lange Sicht gesundes Trinkwasser
▲ Wasserhärte beim Wasserwerk erfragen.			
▲ Wäsche auswiegen.			
▲ Waschkraft der Waschmittel vergleichen.			
▲ Bei Neuanschaffung einer Waschmaschine (wenn Reparatur nicht möglich): Gerät mit niedrigem Energie-, Wasser- und Waschmittelverbrauch kaufen. (s. StiWa, Test 5/88 u. 4/89)	ca. 69,– (Wasser und Strom)	. . . .	. . . .
laufend:			
▲ Nur wirklich schmutzige Wäsche waschen.			
▲ Statt Kochwäsche 60 °C wählen.	ca. 40,– (Energie)		
▲ Trommelvolumen voll ausnutzen.			
▲ Möglichst ohne Vorwäsche waschen, dann Waschmittelmenge reduzieren.	ca. 40,– (Energie und Wasser)		

Waschmittel mit Bedacht eingesetzt

Maßnahmen	Einsparung im Jahr (DM)	Wirkung auf	
		Umwelt	Gesundheit
↟ Phosphatfreie Waschmittel einsetzen.		Abwasserentlastung	auf lange Sicht gesundes Trinkwasser
↟ Waschmittel nach Wasserhärtebereich und Wäscheverschmutzung dosieren.			
↟ Ab Härtebereich 2 separaten Enthärter einsetzen.	möglich nicht zu berechnen (vgl. S. 33)	...	eventuell weniger Hautprobleme, gesündere Atemluft
↟ Mit Feinwasch- statt Vollwaschmittel waschen.			
↟ Alternative Waschmittel ausprobieren.			
↟ Bei Verfleckungen Fleckentips testen.			
↟ Bei starken Verschmutzungen Vollwaschmittel oder Waschverstärker (z. B. Bleichmittel) einsetzen, statt Waschmittelmenge zu erhöhen.			
↟ Weichspülmittel und -tücher nur bei echtem Bedarf verwenden (sind in der Regel überflüssig).	ca. 30,–	Reduzierung der Luftbelastung	gesündere Atemluft
↟ Bei Neuanschaffung von Textilien: waschbare Produkte kaufen, die nicht chemisch gereinigt werden müssen.			

Angaben ohne Quellennachweis wurden dem Öko-Sparbuch (s. Literatur unter [12]) entnommen. Gesamteinsparungen können nur individuell im Haushalt ermittelt werden.

Was tun, wenn's passiert ist?
(Erste-Hilfe-Tips)

Jährlich kommt es zu vielen Vergiftungen bei Kindern durch das Verschlucken oder Einatmen von Waschmitteln. Sogenannte Bio- oder Alternativwaschmittel stehen den herkömmlichen Waschmitteln hinsichtlich der Gefährdung für den Menschen, insbesondere für unsere Kinder, in nichts nach!

Bei Verschlucken:
Verschluckt können Waschmittel Erbrechen verursachen. Hierbei entsteht Schaum, der in die Lungen gelangen und ein möglicherweise tödliches Lungenödem hervorrufen kann, daher
➠ sofort nach Verschlucken von Waschmitteln Medizinalkohle (Kohle-Pulvis) trinken (30–50 Kompretten in Wasser auflösen),
➠ danach sofort zum Arzt.

Bei Augenspritzern:
➠ sofort 10–15 Minuten bei gespreizten Lidern mit Wasser spülen,
➠ danach sofort zum Augenarzt.

Vorbeugung:
➠ Waschmittel an für Kinder unzugänglichen Orten aufbewahren.

Die Telefonnummern der *Giftnotrufzentralen* finden Sie auf Seite 127!
(Erste-Hilfe-Tips nach [12])

Putzen und Pflegen – kein Kinderspiel

Im Frühjahr kommt es an den Tag. Die Sonne scheint, und rund 60% der Bundesbürger rüsten für den Frühjahrsputz. Wo früher Ruß aus Ofenheizungen die Fensterscheiben trübte, herrscht heute klare Sicht.
Trotzdem wird in den Haushalten das Unterste nach oben gekehrt. Ca. 250,– DM gibt ein 4-Personen-Haushalt durchschnittlich im Jahr für Waschmittel und die vielen kleinen Helfer im Putzschrank aus.

Die wichtigsten Gefahrensymbole
(Schwarzer Aufdruck auf orangegelbem Grund)

F

Leicht entzündliche Stoffe, brennbare Flüssigkeiten
Beispiele: Aceton, Spiritus, Benzin, Xylol
Vorsicht: Von offenen Flammen, Wärmequellen und Funken fernhalten.

T+

Sehr giftige Stoffe
Gefahr: Nach Einatmen, Verschlucken oder Aufnahme durch die Haut treten meist erhebliche Gesundheitsschäden oder gar der Tod ein.
Beispiele: Thallium und seine Verbindungen
Vorsicht: Jeglichen Kontakt mit dem menschlichen Körper vermeiden und bei Unwohlsein sofort den Arzt aufsuchen.

Xn

Mindergiftige Stoffe
Gefahr: Bei Aufnahme in den Körper verursachen diese Stoffe Gesundheitsschäden geringeren Ausmaßes.
Beispiele: Pyridin, Dichlormethan
Vorsicht: Kontakt mit dem menschlichen Körper, auch Einatmen der Dämpfe, vermeiden und bei Unwohlsein den Arzt aufsuchen.

Xi

Reizend wirkende Stoffe
Gefahr: Dieses Symbol kennzeichnet Stoffe, die eine Reizwirkung auf Haut, Augen und Atmungsorgane ausüben können.
Beispiele: Ammoniak-Lösung, Formaldehyd
Vorsicht: Dämpfe nicht einatmen und Berührung mit Haut und Augen vermeiden.

C

Ätzende Stoffe
Gefahr: Lebendes Gewebe, aber auch Betriebsmittel werden bei Kontakt mit diesen Chemikalien zerstört.
Beispiele: Schwefelsäure, Salzsäure
Vorsicht: Dämpfe nicht einatmen und Berührung mit Haut, Augen und Kleidung vermeiden.

Reichten früher noch Seife und Soda, gibt es heute für jeden Bereich ein spezielles Produkt. Sei es zum Fenster-, Kachelen-, Backofen-, Fußboden-, WC- oder Rohrputzen, zum Reinigen des Geschirrs oder zur Pflege der Möbel, des kostbaren Silbers und der Ledergarnitur.

Diese Produkte sind speziell auf ihren Verwendungsbereich zugeschnitten, für geringe Verschmutzungen jedoch häufig zu stark.
Insbesondere Backofen-, WC-, Sanitär-, Desinfektions- und Rohrreiniger und Fleckenmittel enthalten immer noch starke Säuren, Laugen, desinfizierende Zusätze bzw. Lösemittel, *die nicht nur die Umwelt, sondern auch die Gesundheit gefährden können.*

➡ Sie erkennen diese Spezialreiniger oft an den Warnhinweisen oder Gefahrensymbolen (siehe nebenstehende Übersicht).

Reiniger mit diesen Symbolen gehören nicht in Kinderhände!
Auch kindersichere Verschlüsse scheinen der Neugierde eines Kindes kaum gewachsen zu sein, zumal viele Produkte durch ihre Form oder Aufdrucke zum Spielen animieren, deshalb:

➡ Verschließen Sie alle Putz- und Pflegemittel vor Kindern. Das gilt auch für Schmierseife, Gallseife, Essigessenz, Waschmittel und Chemikalien aus dem Hobby- und Gartenbereich.

Reinigungsmittel enthalten ansonsten ähnliche Inhaltsstoffe wie die Waschmittel. Daher wollen wir hier auf eine weitere Erläuterung verzichten.

So können Sie umweltbewußt reinigen und pflegen:
➡ Möglichst wenig und milde Reinigungs- und Pflegemittel in Abhängigkeit zur Verschmutzung und zur Materialoberfläche einsetzen.
➡ Regelmäßig, aber nicht übertrieben oft reinigen.
➡ Bei der Neuanschaffung von Produkten Alternativen überprüfen.
➡ Langfristig pflegeleichte Einrichtungen und Geräte wählen.

> So schonen Sie nicht nur Ihre Umwelt und Gesundheit, sondern auch Ihren Haushalt und den Geldbeutel.

Allgemeine Putztips und konkrete Produktalternativen finden Sie wieder in der folgenden Tabelle.

Putzen und Reinigen: Umwelt- und Spartips auf einen Blick

Maßnahmen	Einsparung im Jahr (DM)	Wirkung auf Umwelt	Wirkung auf Gesundheit
einmalig: ⬆ Putzschrank überprüfen: Besonders umwelt- und gesundheitsschädliche Produkte, wie Sanitär-, Rohr-, Desinfektions-, Backofen-, WC-Reiniger (aggressive) und Fleckenmittel, aussortieren. Zum Sondermüll geben.		Abwasser-, Kläranlagen- und Luftentlastung	keine Gefährdung durch Säuren, Laugen und Gase
laufend: *allgemein* ⬆ Erst mechanisch, dann naß reinigen. ⬆ Reinigungs- und Pflegemittel sparsam und in Abhängigkeit von der Verschmutzung dosieren. ⬆ Regelmäßig, aber nicht zu oft reinigen. ⬆ Wenige Produkte einsetzen.	je nach Produkt ca. 40,–	Kläranlagenentlastung . . .	weniger Gefahr der Verätzung von Haut und Atemwegen . . .

48 **Wasch- und Reinigungsmittel**

Maßnahmen	Einsparung im Jahr (DM)	Wirkung auf Umwelt	Wirkung auf Gesundheit
▲ Auf Spezialreiniger möglichst verzichten. ▲ Milde Reiniger einsetzen (siehe Allzweckreiniger). ▲ Reinigungsmittel schonend einsetzen (siehe Scheuersand).	(Materialschonung)	. . .	weniger Gefahr der Verätzung von Haut und Atemwegen
▲ Starke Verschmutzungen einweichen. ▲ Auf Spraydosen verzichten.	je nach Produkt ca. 20,–	Reduzierung der Luftverschmutzung und des Hausmülls	. . . .
▲ Vor dem Kauf neuer Produkte Alternativen überprüfen.			
produktbezogen ▲ Allzweckreiniger (phosphatfrei) für die meisten Reinigungsarbeiten einsetzen.		Abwasserentlastung	

Putzen und Pflegen - kein Kinderspiel

Maßnahmen	Einsparung im Jahr (DM)	Wirkung auf Umwelt	Wirkung auf Gesundheit
↑ Grüne Seife bzw. Schmierseife nur bei weichem Wasser und alkaliunempfindlichen Materialien (z. B. nicht für Linoleum-, Natur-, Kunststein- und PVC-Flächen) verwenden.	(Materialschonung)	Kläranlagen- und Gewässerentlastung	weniger Gefahr der Verätzung von Haut und Atemwegen
↑ Scheuermittel für starke Verschmutzungen bei unempfindlichen und Scheuermilch oder Schlämmkreide bei empfindlichen Materialien benutzen.			
↑ Essig zum Entkalken und Entflecken (z. B. von Edelstahl) verwenden. Heißwassergeräte (wie auch Kaffeemaschinen und Bügeleisen) besser mit Zitronensäure entkalken, da hier keine beißenden Gase entstehen.		....	....
↑ Handgeschirrspülmittel sparsam dosieren, Geschirr mit klarem Wasser nachspülen.			Verringerung der Tensidaufnahme
↑ Maschinengeschirrspülmittel möglichst für das Sparprogramm dosieren. – Phosphatfreie Mittel ausprobieren. Mittel ohne Chlorbleiche bevorzugen. Auf kindersichere Verpackung achten.			

Maßnahmen	Einsparung im Jahr (DM)	Wirkung auf Umwelt	Wirkung auf Gesundheit
– Auf Klarspüler verzichten. – Enthärtungsanlage dem Härtegrad des Wassers anpassen. (Wichtig: Vorher beim Wasserwerk erkundigen!). Bei Härtebereich 1 bis 2 auf Salz verzichten. – Maschine voll auslasten.	ca. 25,–	Kläranlagen- und Gewässerentlastung	. . .
Backofen- und Kochfeldreinigungsmittel durch regelmäßige Säuberung des Herdes mit milden Reinigern ersetzen.	ca. 60,– je nach Produkt ca. 20,–	. . .	weniger Gefahr der Verätzung von Haut- und Atemwegen
Wenn WC-Reiniger, dann einen auf Zitronensäurebasis benutzen Auf WC-Becken- und -wasserkastensteine verzichten.	je nach Produkt ca. 25,–		
Möbelreinigungs- und -pflegemittel häufig durch Staubtuch und nasses Tuch ersetzen.	gering	Reduzierung der Luftbelastung	weniger Lösemittel in der Atemluft
Die Teppichreinigung möglichst lange hinauszögern.	je nach Produkt und Anwendung ca. 30,–		

Putzen und Pflegen - kein Kinderspiel

Maßnahmen	Einsparung im Jahr (DM)	Wirkung auf Umwelt	Wirkung auf Gesundheit
– Flecken gezielt mit Feinwaschmittel oder Teppichschaum behandeln. – Die Grundreinigung nach dem Sprüh-Extraktionsverfahren durchführen. – Lösungsmittelfreie Reiniger benutzen, trotzdem während und nach dem Reinigen gut lüften. Nicht rauchen. **Silberputzmittel** durch Hausmittel ersetzen: Silber auf Alufolie legen, mit heißem Salzwasser übergießen, einwirken lassen, gut abspülen und blank reiben. Wichtig: Altes, wertvolles Silber vorsichtig behandeln! **Lederimprägniermittel** möglichst selten, wenn, dann nur mit Pumpzerstäuber und im Freien anwenden. Nicht einatmen! Zur Farbauffrischung flüssige Produkte mit Auftrageschwämmchen kaufen.	gering	Reduzierung der Luftbelastung	weniger Lösemittel in der Atemluft . . . .

Angaben zur Einsparung nach [12]; Gesamteinsparungen lassen sich nur individuell im eigenen Haushalt ermitteln. Konkrete Produktempfehlungen können Sie den Tests 3/88 und 10/87 der Stiftung Warentest entnehmen.

Was tun, wenn's passiert ist?
(Erste-Hilfe-Tips)

Abfluß-, Backofen-, Geschirrspülmaschinen-, Sanitär- und WC-Reiniger:

Bei Verschlucken:
- Keine Maßnahmen, die zum Erbrechen führen,
- sofort irgendeine greifbare Flüssigkeit außer Alkohol trinken (Verätzung des Magens erfolgt bereits in 20 Sekunden),
- anschließend Medizinalkohle (etwa 30–50 Kompretten in Wasser gelöst) trinken,
- danach sofort ins Krankenhaus. Verpackung des Mittels mitnehmen oder Handelsnamen merken, das erleichtert den Ärzten die Behandlung.

Bei Augenspritzern:
- Sofort 10–15 Minuten bei gespreizten Lidern mit fließendem Wasser spülen,
- danach sofort zum Augenarzt. Verpackung des Mittels mitnehmen oder Handelsnamen merken.

Allzweckreinigungs-, Bodenpflege-, Fensterputz-, Handgeschirrspül-, Lederpflege- (außer Sprays), Möbelpflege- und Teppichreinigungsmittel:

Bei Verschlucken:
- Möglichst nicht erbrechen,
- sofort Medizinalkohle (etwa 30–50 Kompretten in Wasser gelöst) trinken,
- danach sofort ins Krankenhaus. Verpackung des Mittels mitnehmen oder Handelsnamen merken.

Falls dennoch erbrochen wird,
- muß der Kopf hierfür tiefer als der übrige Körper hängen. Dadurch kann Erbrochenes nicht in die Luftröhre kommen.
- Kinder über die Knie eines Erwachsenen, mit dem Kopf nach unten legen.
- Erwachsene quer über ein Bett oder einen Stuhl legen – Kopf nach unten!
- Niemals im Sitzen oder Stehen erbrechen!

Bei Augenspritzern:
- Sofort 10–15 Minuten bei gespreizten Lidern mit fließendem Wasser spülen,
- danach sofort zum Augenarzt. Verpackung des Mittels mitnehmen oder Handelsnamen merken.

Fleckentfernungsmittel:
Bei Verschlucken:
- Auf keinen Fall erbrechen,
- sofort Paraffinöl (Erwachsene 200 ml) schlucken. Wenn Paraffinöl oder Polyethylenglykol (Roticlean) nicht vorhanden ist, Medizinalkohle (30–50 Kompretten in Wasser gelöst) trinken,
- danach sofort ins Krankenhaus. Verpackung des Mittels mitnehmen oder Handelsnamen merken.

Bei Augenspritzern:
- Sofort 10–15 Minuten bei gespreizten Lidern mit fließendem Wasser spülen,
- danach sofort zum Augenarzt. Verpackung des Mittels mitnehmen oder Handelsnamen merken.

Desinfektions- und Silberputzmittel:
Bei Verschlucken:
Bei säurehaltigen Mitteln (siehe Verpackung):
- Möglichst nicht erbrechen,
- Medizinalkohle (30–50 Kompretten in Wasser gelöst) trinken,
- danach sofort ins Krankenhaus. Verpackung des Mittels mitnehmen oder Handelsnamen merken.

Bei phenolhaltigen Desinfektionsmitteln:
- Sofort Eiermilch oder Polyethylenglykol (Roticlean) trinken,
- erbrechen,
- Medizinalkohle (30–50 Kompretten in Wasser gelöst) trinken,
- danach sofort ins Krankenhaus. Verpackung des Mittels mitnehmen oder Handelsnamen merken.

Bei Silberputzmittel mit Cyanid bzw. Cadmiumsalz:
- Sofort erbrechen,
- Medizinalkohle (30–50 Kompretten in Wasser gelöst) trinken,
- danach sofort ins Krankenhaus.

Bei Augenspritzern:
- Sofort 10–15 Minuten bei gespreizten Lidern mit fließendem Wasser spülen,
- danach sofort zum Augenarzt. Verpackung des Mittels mitnehmen oder Handelsnamen merken.

Die Telefonnummern der *Giftnotrufzentralen* finden Sie auf der Seite 127!
(Erste-Hilfe-Tips nach [12])

Lacke und Farben
vernünftig eingesetzt

Nach dem Kfz-Verkehr sind Lösemittel aus Lacken und Farben mit 350 000 t die bedeutendsten Verursacher von Kohlenwasserstoffemissionen. 120 000 t gelangen dabei durch Hand- und Heimwerker in die Atmosphäre.[13]

Sie bilden durch Photooxidantien den **photochemischen Smog** und schädigen Pflanzen, auch die Bäume. In Abhängigkeit von Art und Konzentration können die organischen Lösemittel beim Menschen zu Hirn-, Nieren- und anderen **Organschäden** führen. Das Ausmaß der Schädigung ist zur Zeit noch nicht absehbar. Schwermetalle, Fungizide und Insektizide runden die Gesundheitsbelastung durch Lacke und Farben ab.

Nicht nur die *Verwendung*, sondern auch die unsachgemäße *Entsorgung* führen zu **Boden- und Abwasserbelastungen**. Mangels Zahlen läßt sich nur vermuten, daß einige tausend Tonnen wasserverdünnbarer Lacke und Dispersionswandfarben im Abwasser landen.

Die Deutschen verbringen rund 1,5 Mrd. Freizeitstunden jährlich mit Heimwerken. *Dabei passieren ca. 200 000 Unfälle.* Wie Sie persönlich Unfällen durch den richtigen Kauf und Gebrauch von Lacken und Farben vorbeugen und zusätzlich die Umwelt entlasten können, erfahren Sie auf den folgenden Seiten.

Lacke und Farben unterliegen keiner Kennzeichnungspflicht. Im Gegensatz zu anderen Gebrauchsgütern bleiben diese Inhaltsstoffe Herstellergeheimnis. Lediglich besonders gefährliche Verbindungen wie z.B. Benzol, Toluol und Blei (ab 0,5%) müssen nach der Gefahrenstoffverordnung aufgeführt werden.

Einige Naturfarbenhersteller bieten als Verband eine gläserne Rezeptkartei. Ein sicherlich nachahmenswerter Ansatz.

Augen auf bei Auswahl und Verarbeitung

Schauen wir uns an, was nun wirklich in Lacken und Farben enthalten und welche Wirkung auf Gesundheit, Umwelt und Material zu erwarten ist:
Lacke und Farben lassen sich nach Verwendung und Art des Binde- oder Lösemittels unterscheiden. Die Bedeutung des Lösemittels soll hier entscheidend sein.

Lacke

Der Markt bietet konventionelle und alternative Lacke. *Konventionelle Lacke* enthalten Kunstharze und in der Regel 40–60% Lösemittel. Lösemittel braucht jeder Lack zum Verstreichen und Aushärten seiner Komponenten. Dafür werden z.B. Testbenzine, Aromaten, Alkohole und bei Naturlacken Pflanzenessenzen, wie Balsamterpentin- oder Citrusschalenöl, eingesetzt. Alle Lösemittel haben ab einer bestimmten Konzentration die oben beschriebenen Auswirkungen auf Umwelt und Gesundheit. Die Belastung von Heimwerkern durch Lösemittel ist zwar zeitlich begrenzt, die Gesundheitsgefährdung steigt jedoch durch mangelnde Sachkenntnis und fehlende Sicherheitsmaßnahmen.
Der Verband der Lackindustrie hat vor 5 Jahren in einer freiwilligen Vereinbarung eine 25%ige Lösemittelreduzierung versprochen. In Anbetracht des insgesamt steigenden Lösemittelabsatzes scheint diese Selbstbeschränkung nicht den versprochenen Effekt zu haben. Ein absolut ungefährliches Lösemittel ist Wasser.
Wasserlösliche Dispersionslacke werden seit 1980 mit dem Umweltzeichen belohnt. Sie dürfen maximal 10% organische Lösemittel und keine umweltbelastenden Schwermetalle für die Pigmentierung (Farbgebung) enthalten und müssen im Rahmen der Gefahrstoffverordnung frei sein von gesundheitsschädlichen und bioziden Wirkstoffen.
Wasserlösliche Lacke müssen konserviert werden, da sie anfällig sind für mikrobiellen Verderb. Das in Verruf geratene Konservierungsmittel Formaldehyd darf in *Wasserlacken, die den Umweltengel tragen,* nur noch in minimalen Mengen (10 mg/kg) enthalten sein. Weil es

in dieser Konzentration kaum noch wirkt, weichen die Hersteller auf andere Konservierungsstoffe aus. Wasserlacke, die keinen Umweltengel tragen, können durchaus noch höhere Mengen Formaldehyd oder andere, gefährlichere Stoffe enthalten, z.B. FCKW (Fluorchlorkohlenwasserstoff) als Treibmittel in Sprays.
Die Gebrauchstauglichkeit gewährleisten die Hersteller. Werbungsaussagen mit »Bio«, »Natur« u.ä., die zu Verwechselungen führen können, sind untersagt. Die Vergabe des Umweltzeichens unterliegt im Gegensatz zu anderen Produkten festgelegten Anforderungen.
Nicht enthalten in den Vergabekriterien des Umweltzeichens sind
– die Kontrolle der Zeichenanwender und
– produktionsbedingte Umweltbelastungen.
Umweltlacke enthalten ebenso wie konventionelle und einige Naturlacke Titandioxid als Weißmacher. Die Titandioxidherstellung liefert als Abfallprodukt Dünnsäure, deren Verklappung die Nordsee stark belastet. Naturfarbenhersteller, die der Arbeitsgemeinschaft Naturfarben (AGN) angehören, verwenden nur Titandioxid nach dem Sulfatverfahren mit Dünnsäure-Recycling.
Die große Zahl an Hilfsstoffen in wasserlöslichen Lacken und Farben belastet schon in geringer Konzentration Mikroorganismen und Kläranlagen.
Naturlacke sind ähnlich wassergefährdend, durch ihre natürlichen Inhaltsstoffe aber leichter abbaubar. Sie enthalten im Gegensatz zu konventionellen und wasserlöslichen Lacken natürliche Harze und Pigmente, kommen mit weniger Hilfsmittel aus, brauchen dafür aber bedeutend mehr Lösemittel. Die eingesetzten Pflanzenessenzen (insbesondere Balsamterpentinöl mit Delta-3-Caren) können bei empfindlichen Personen zu Hautreaktionen führen.
Wasserlösliche, lösemittelarme Naturharzlacke gibt es zur Zeit wohl noch nicht, dafür aber *lösemittelreduzierte Naturanstriche* auf Leinöl- oder Wachsbasis als Lasuren oder Dispersionsfarben.
Neben Umwelt- und Gesundheitsaspekten sind **Preis- und Leistungsverhältnis** bei der Produktauswahl mitentscheidend:
Laut Stiftung Warentest sind die wasserlöslichen Umweltlacke den konventionellen Lacken gleichzusetzen,

Ähnlich verhält es sich auch bei den lösemittelreichen Naturlacken.
Bei lösemittelarmen Naturharz- und -ölprodukten liegt kein vollständiger Vergleich vor. Mit einem höheren Arbeits- und Zeitaufwand muß hier wohl gerechnet werden.[14]
Naturholzlasuren dringen am tiefsten in die Holzoberfläche ein, da ihr Bindemittel mit den Holzinhaltsstoffen identisch ist. Eine Lasur ist nur 1/3 so dick wie eine Lackschicht. Die Verbrauchsmengen sind gleich anzusetzen. Viele Holzanstriche lassen sich durchs Wachsen ersetzen. Das schlägt sich auch im Preis nieder.
Die Vorteile der Naturfarbenprodukte liegen zusätzlich im geringen Produktionsabfall, der besseren Abbaubarkeit und wohnklimatischen Eigenschaften.

Farben

Noch weniger Lösemittel enthalten Wand- bzw. Deckenfarben.
Gleichsam durch den Lösemittelunterschied erfolgt auch die Unterteilung in Lacke und Farben.
Wand- und Deckenfarben werden als *Binder-, Latex- oder auch Dispersionsfarben* verkauft. Es handelt sich jeweils um eine wäßrige Dispersion auf Kunstharzbasis mit einem Lösemittelanteil von 1–3% (in Ausnahmefällen bis 10%), Titandioxid, Konservierungsmitteln und Fungiziden (Pilzbekämpfungsmitteln).
Ein Umweltzeichen gibt es für Wand- und Deckenfarben nicht.
Wer auf Kunstharze und umweltbelastende »Weißtöner« verzichten möchte, kann auf *Leim-, Mineral-, Naturharzdispersions- oder Silikatfarben* zurückgreifen. Abgesehen von einem geringen Lösemittelanteil der Dispersionsfarben enthalten sie keine problematischen Inhaltsstoffe. Bei der Auswahl sind die unterschiedlichen Materialeigenschaften zu berücksichtigen. So sind Leimfarben zwar wischfest, aber wieder abwaschbar, Mineral- und Dispersionsfarben wasch-, Silikatfarben dagegen wetterfest. Naturharzdispersionsfarben sind ergiebiger als billige Kunstharzwandfarben. Der anfangs höhere Preis gleicht sich schnell wieder aus.

Augen auf bei Auswahl und Verarbeitung

Hilfe bei der Produktauswahl finden Sie im
Öko-Ratgeber Farben, Lacke. (Hrsg.: AGV)
(für 3,– DM bei den Verbraucherzentralen und mit Plakat und wissenschaftlichem Begleittext für 19,50 DM [+ Versandkosten] bei der Stiftung Verbraucherinstitut, Versandservice, Postfach 1418, 5787 Olsberg 1)

Holzschutzmittel

Weniger das Problem der Lösemittel, dafür die Gefahr der Vergiftung durch Fungizide und Insektizide schufen bis vor kurzer Zeit Holzschutzmittel, die für den Außen- und Innenbereich verwendbar waren. Heute werden Holzschutzmittel nicht mehr mit gefährlichem PCP (Pentachlorphenol) ausgerüstet. Das beinahe ebenso gefährliche Insektizid Lindan darf hingegen noch weiter in Holzschutzmitteln eingesetzt werden. Diese Gifte – PCP, Lindan, aber auch andere hochwirksame Pilz- und Insektenkiller – gasen zum Teil über Jahre hinweg aus dem behandelten Holz wieder aus. Sie können teilweise irreversible Gesundheitsschäden hervorrufen.
Falls Sie Holzschutzmittel im Innenraum verstrichen haben und sich mit anhaltenden **Gesundheitsbeschwerden** plagen, wenden Sie sich bitte an die:
Interessengemeinschaft der Holzschutzmittelgeschädigten e.V. (IHG), Unterstaat 14, 5250 Engelskirchen, Tel. 02263/3786

> **Holzschutzmittel sind in regelmäßig bewohnten Innenräumen grundsätzlich überflüssig!**

Holz in Feuchträumen läßt sich durch bauliche Maßnahmen schützen.
Zum Schutz tragender oder aussteifender Holzbauteile dürfen nur Produkte mit dem amtlichen Prüfzeichen des Instituts für Bautechnik verwendet werden.
Vorbeugender Schutz vor Schädlingsbefall, Licht- und Nässeschäden im Außenbereich ist mit einer Borsalzimprägnierung zu erreichen. Sie wird durch anschließendes Lasieren und Lackieren regenfest.

Ist das Holz schon befallen, sollten auf keinen Fall chemische Bekämpfungsmittel eingesetzt werden. In vielen Fällen ist eine Heißluftbekämpfung möglich. Wenden Sie sich bitte an Ihre zuständige Umweltberatung!

Tips: von der Planung bis zu Pinselreinigung

Nach der Produktauswahl sind **richtige Vorbereitung, Verarbeitung und Beseitigung** von Lack- und Farbresten besonders wichtig:

- Überprüfen Sie vor dem Kauf Alternativen zur Lackverwendung. Lassen sich vielleicht Ausbesserungen vornehmen? Oder reicht schon eine dekorative Veränderung durch Lasieren oder Wachsen?
- Ermitteln Sie genau die zu streichende Fläche, damit keine Farbreste anfallen und als Sondermüll entsorgt werden müssen.
- Decken Sie Arme und Beine durch Arbeitskleidung ab, Lösungsmittel werden auch durch die Haut aufgenommen.
- Bereiten Sie die zu streichende Fläche ausreichend vor. Sie muß frei von Verschmutzungen und alten Anstrichen sein. Entfernen Sie alte Lackierungen am besten mit Natronlauge (Vorsicht, Verätzungsgefahr!). Beim Abbrennen Mundschutz tragen und für Frischluft sorgen.
- Decken Sie zur Verhinderung von Farbspritzern die Umgebung ab. Farbspritzer sofort abkratzen und gegebenenfalls mit Brennspiritus beseitigen.
- Sorgen Sie für Frischluftzufuhr.
- Halten Sie Kinder und Tiere fern.
- Bei Schwangerschaft und Medikamenteneinnahme aufs Streichen verzichten.

- Stellen Sie das Rauchen ein (Explosionsgefahr!).
- Essen Sie nicht während des Arbeitens.
- Trinken Sie keine alkoholischen Getränke.
- Arbeiten Sie möglichst nur mit Pinsel, Quast und Rolle. Das Versprühen und Spritzen ist durch die Feinverteilung der Lackbestandteile besonders gesundheits- und umweltbelastend. Ist das Sprühen

unvermeidbar, nehmen Sie Pumpzerstäuber mit umweltfreundlicher Pappverpackung.
- Verarbeiten Sie Lacke und Farben sparsam.
- Legen Sie bei Arbeitsunterbrechung alle Malutensilien ins Wasser.

- Verstreichen Sie die Pinsel u.ä. vor dem Reinigen.
- Reinigen Sie alles – auch bei wasserlöslichen Farben – in einem Gefäß. Abgesetzte Farbe läßt sich vielfach weiterbenutzen und die Reiniungslösung wiederverwenden.
- Verzichten Sie auf Pinselreiniger und Verdünner.
- Gießen Sie auf keinen Fall Lack- und Farbreste in den Ausguß oder ins WC.
- Geben Sie verbrauchte Reinigungslösungen in gut verschlossenen und gekennzeichneten Behältern zum Sondermüll.
- Versuchen Sie Lackreste aufzubrauchen. Stellen Sie die Dose auf den Kopf. Das verhindert die Filmbildung. Dann kühl, trocken und kindersicher lagern.
- Geben Sie eingetrocknete Reste und Pinsel von konventionellen Lacken in den Sondermüll.
- Andere Reste können nach dem Eintrocknen in den Hausmüll.
- Vorsicht bei Naturfarbenprodukten (z.B. mit Balsamterpentinöl). Putzlappen können sich selbst entzünden! Daher vorher gründlich austrocknen lassen.

Falls Ihnen übel wird,
- gehen Sie sofort an die frische Luft. Lösemittel führen leicht zu Übelkeit und ausgasende Kunstharzbestandteile (Restmonomere) zu Kopfschmerzen. Wenn keine Besserung eintritt, suchen Sie sicherheitshalber einen Arzt auf.

Anhand der beschiebenen Gesundheits- und Umweltbelastungen durch Lösemittel wird deutlich, daß die *Empfehlung* auf *lösemittelarme, wasserlösliche Produkte* hinausläuft. Grundsätzlich sollte die *Notwendigkeit des Streichens überprüft* und zur Vermeidung von Sondermüll *nur die errechnete Lack- und Farbmenge* gekauft werden. Halten Sie sich zum Schutze Ihrer Gesundheit unbedingt an die *Sicherheitsmaßnahmen!*

Energie
Nicht verschwenden – richtig verwenden

Energiesparen gewinnt immer mehr an Bedeutung. Sei es durch Verbrauch fossiler Brennstoffe, Ozonabbau und Klimaveränderungen oder durch Entsorgungsprobleme bei atomarem Abfall.

Als Energieträger kommen neben Erdöl und Atomkraft, Gas, Kohle und Holz auch Wasser, Wind, Sonne und die Bodenwärme zum Einsatz. Der Primärenergieverbrauch (= die in den Energieträgern vor der Umwandlung enthaltene Energie) umfaßt 386,9 Mio. t SKE (Steinkohle-Einheiten; 1 t SKE = 8130 kWh). Diese Energie wird wie folgt gewonnen (Angaben in t SKE)[15]:

Kernenergie	38,7
Erdgas	58,4
Mineralöle	167,6
Braunkohlen	33,1
Steinkohlen	77,7
übrige	11,4

Die Gewinnung und Nutzung dieser Energie ist von ökonomischen und ökologischen Rahmenbedingungen abhängig. Die Wahl fossiler Brennstoffe wird immer mit großen **Boden-, Luft- und Wasserbelastungen** erkauft. Etwas haben alle Energieträger gemeinsam:

- Die Umwandlung über die Wärmekraftkopplung in Strom (= Endenergie) ist immer mit hohen Verlusten (bis zu 2/3) verbunden.
- Sie sind (mit Ausnahme der regenerativen Energien) knapp.

Das Erstellen einer Umweltbilanz der Energieträger ist generell schwierig und auch in diesem Rahmen nicht möglich. Ebensowenig sind die bundesweit unterschiedliche Tarifpolitik und die Nutzung alternativer Energieanlagen und des Nachtstromes Bestandteil dieser Broschüre.

Energie und Umwelt

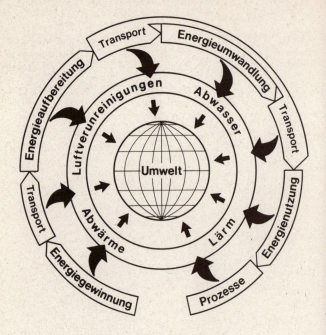

Wichtig für unsere weiteren Ausführungen ist, daß in der BRD rund 29% der Nutzenergie (= die Energie, die nach Einsatz der Energieträger z.B. im Heizkessel als nutzbare Energie am Heizkörper ankommt) an die **Haushalte** geht. 1986 verbrauchten die privaten Haushalte 74,6 Mio. t SKE = 606,58 Mrd. kWh.[15]
Als Emissionsverursacher stehen sie neben Kraftwerken und Industrie an 3. Stelle.[16] Sie sind somit auch verantwortlich für das Waldsterben und anstehende Klimaveränderungen.

> Umweltschutz im Haushalt bedeutet also auch,
> Energie sparsam einzusetzen und zu nutzen.

Schon durch die richtige Nutzung vorhandener Geräte und Heizungsanlagen kann bis zu 50% der Energie eingespart werden. Bevorstehende Preiserhöhungen machen das Energiesparen noch interessanter.
Daß die Haushalte immer energiebewußter werden, zeigt die sinkende Zuwachsrate des Stromverbrauches von 2,6% im Vergleich zu 4,9% in den Jahren 1975–1980.
Ca. 80% der Gesamtenergie entfallen in den Haushalten auf das *Heizen*, 10% auf die *Warmwasserversorgung*, 9% auf den *Betrieb von Geräten* und nur 1% auf die *Beleuchtung*.
Auf den Stromverbrauch umgelegt, schluckte 1985 die Elektroheizung von rund 100 Mrd. kWh immerhin noch 28%, es folgten die Haushaltsgeräte und die Warmwasserversorgung.
Aufgeschlüsselt sieht es so aus[5]:

Elektroheizung	28,0%
Körperpflege	8,7%
Beleuchtung	6,9%
Nahrungszubereitung	9,5%
Kühlen u. Gefrieren	23,6%
Wäschepflege	7,7%
Wohnungspflege	0,9%
Warmwasser (Küche/Bad)	14,7%

Anhand der Zahlen wird deutlich, wo sich das Energiesparen lohnt.

Energiesparen ist möglich durch
- Verbesserung der technischen Einrichtungen bzw. Geräte und
- den richtigen Gebrauch der Geräte.

Ersteres findet Berücksichtigung beim *Kauf neuer Geräte*.
➡ Lassen Sie sich durch Ihre Verbraucherzentrale oder Umweltberatung kostenlos beraten.
➡ Denken Sie daran, daß unrentable Kleingeräte durch Herstellung und Verschrottung unnötige Energie kosten. Viele dieser Geräte erscheinen zunächst unverzichtbar und werden dann doch nur selten eingesetzt.

Insbesondere die richtige *Nutzung vorhandener Geräte* kann in jedem Haushalt realisiert werden. Denken Sie immer daran:

> **Eingesparte Energie ist immer noch die billigste Energie!**

Fangen wir mit dem größten »Brocken«, dem Heizen, an, das 80% der Energie »schluckt«.

Richtig heizen – aber nicht die Umwelt

Die Zeiten, in denen die Wohnung mit Holz und Kohle gewärmt, verrußt und die Raumluft verschmutzt wurden, sind vorbei.
Die Technik macht's möglich:
In temperatur- und zeitgesteuerten Zentralheizungen liefern vorwiegend Öl und Gas die wohlige Wärme – ein Komfort, der mit der Abgabe von Schwefel- und Stickoxiden an die Umwelt bezahlt werden muß.

Durch die richtige Installation und regelmäßige Wartung der Anlagen lassen sich Wirkungsgrad und Abgaswerte aufeinander abstimmen und damit Umweltbelastung, Energieverbrauch und Kosten minimieren.

Eine **Überprüfung der Heizungsanlage** empfiehlt sich spätestens, wenn
- die Heizungsanlage älter als 10 Jahre ist,
- die Heizraumtemperatur 20°C übersteigt,
- der Abgasverlust über 10% liegt,
- pro m² beheizter Fläche im Jahr mehr als 25 l Öl bzw. 25 m³ Gas gebraucht werden (incl. Warmwasserbereitung).[17]

Falls trotz regelmäßiger Wartung die **Anschaffung einer neuen Anlage** ansteht, sollten Sie sich durch eine Energieberatung fachlich beraten lassen. Die Beratung ist individuell auf Ihren Bedarf zugeschnitten. Fragen Sie nach Förderungsmaßnahmen und Steuervorteilen! Die Energieberatung vor Ort wird zur Zeit in einigen

Städten gefördert. Erkundigen Sie sich bei den Verbraucherzentralen oder Wirtschafts- und Baubehörden.
Mit einer neuen Heizungsanlage können Sie bis zu 30% Energie sparen und bis zu 40% die Umwelt entlasten.[16]
Die unterschiedlichen Systeme erleichtern die Entscheidung nicht gerade und erfordern unbedingt eine ausreichende Information vor dem Kauf.

➡ Achten Sie auf das Umweltzeichen für abgasarme Heizsysteme.

Wenn Sie jetzt Ihre Heizungsanlage richtig installiert und in Betrieb genommen haben, gibt es **zusätzliche Möglichkeiten, die Wärme richtig zu nutzen:**

➡ Wird die Raumtemperatur nur um 1°C gesenkt, sparen Sie schon 6% Energie.
»Behaglich ist es in einem Wohnzimmer bei 20 oder 21°C. Fürs Kinder- und Arbeitszimmer sind 20°C wohltuend. In Schlafzimmer und Küche dagegen reichen 18°C völlig aus, während für die Diele und das WC 15°C als Richttemperatur gelten.«[12]

➡ Thermostatventile ermöglichen die individuelle Anpassung der Raumtemperatur und helfen Ihnen, bis zu 15% Energie einzusparen.
Wichtig: Beim Lüften Ventile schließen, da sonst der Raum unnötig aufgeheizt wird.

➡ Lüften Sie richtig:
 – Kein Dauerlüften z.B. durch ein gekipptes Fenster, sondern
 – Stoßlüften, also ca. einmal pro Stunde kräftig durchlüften.

Damit sparen Sie nicht nur 2% der Energiekosten, sondern lüften Schadstoffe und eine zu hohe Luftfeuchtigkeit aus, ohne den Raum auszukühlen.

Zur Orientierung: Bei einer durchschnittlichen Raumtemperatur von 20°C ist eine relative Luftfeuchtigkeit von 40–60% zu empfehlen. Mehr Feuchtigkeit

schlägt sich an kalten Wänden und Fenstern nieder und führt langfristig zu Nässeschäden.
- ➡ Halten Sie die Türen weniger beheizter Räume stets geschlossen!

Das richtige Lüften ist besonders wichtig, wenn Sie durch eine **zusätzliche Wärmedämmung** Heizkosten einsparen wollen.
Je mehr Sie den Raum z.B. durch Isolierfenster, Rolläden u.ä. abdichten, um so höher ist die Schadstoffkonzentration der Raumluft.
Achten Sie bei der Auswahl von Dämmaterialien auf die gesundheitliche Unbedenklichkeit.
Der Umfang und die Durchführung von Wärmeschutzmaßnahmen bei Neu- und Anbauten wird durch die Wärmeschutzverordnung von 1982 bzw. 1984 geregelt.
Am besten lassen Sie sich auch hier von einer Energieberatung beraten.

Tip:
Mit immergrünen Pflanzungen an Nordfassaden können Sie Energieeinsparungen bis zu 4% erzielen.[18]

Durch Wärmedämmung und Modernisierung der Heizungsanlage lassen sich die Energiekosten bis zu 50% senken.

Alle beschriebenen Maßnahmen bringen wenig, wenn die wärmespendenden Heizelemente (sprich Heizkörper) **verkleidet, zugestellt oder in Raumnischen untergebracht** sind.

➡ Beseitigen Sie Heizkörperverkleidungen, damit der Raum und nicht die Außenwand beheizt wird.

➡ Stellen Sie möglichst keine Möbel vor die Heizkörper und kürzen Sie überhängende Gardinen.

➡ Kleben Sie Heizkörperreflexionsplatten in die Nischen. Diese helfen Ihnen, bis zu 5% Energie einzusparen.

➡ Lassen Sie Ihren Heizkörpern die Chance, die maximale Wärme abzugeben.

Warmwasserbereitung und Beleuchtung

Warmwasserbereitung

Mindestens 30% des täglichen Wasserverbrauches und ca. 15% des Stromverbrauches entfallen durchschnittlich auf die Warmwasserbereitung.

An Wasser sind dies bei mittlerem Verbrauch 20–40 und bei verschwenderischem bis zu 80 l. Dabei können mit jedem eingesparten m^3 Warm- und Heißwasser rund 6,– DM eingespart werden.

So wird's gemacht:

➡ Durch die Temperaturreduzierung und

➡ durch die richtige Wahl des Systems der Warmwasserbereitung.

Die Grenztemperatur für die zentrale Warmwasserbereitung ist mit 60°C verbindlich vorgeschrieben. Sie sollte daher nicht überschritten werden.

Beim *Reduzieren der Temperatur* können Sie Energie einsparen. Spareffekt und Reduzierungsmöglichkeiten sind von der Art der Warmwasserbereitung abhängig. Pauschalangaben sind daher nicht möglich.

Die *Wahl der Warmwasserbereitung* steht und fällt mit dem installierten System: Nach der Versorgungsart lassen sich Einzel-, Gruppen- und Zentralversorgung und nach Geräteart Durchlauferhitzer, Durchlaufspeicher und Speicher unterscheiden.[17]

Die Auswahl ist von den individuellen Gegebenheiten und Bedürfnissen abhängig.
- ➡ Die Zentralwarmwasserbereitung ist trotz der Wasser- und Wärmeverluste finanziell häufig am günstigsten.
- ➡ Als konventioneller Energieträger sollte Gas an die erste Stelle treten.[19]

Nähere Informationen zu Wirkungsgrad, Kosten und Energiespareffekten der Warmwasserbereitungssysteme erfahren Sie durch das Sonderheft »Warmwasserbereitung '87« von der Stiftung Warentest oder durch die kostenlose Energieberatung der Verbraucherzentralen. Hier finden Sie auch Näheres zu *alternativen Techniken*.

Weitere Informationen zu Solar- und Windenergie sind anzufordern bei:
- *BINE- Informationsdienst, Mechenstr. 57, 5300 Bonn*
- *Zentralstelle für Solartechnik (GFHK-ZfS), Verbindungsstr. 19, 4010 Hilden*
- *Deutsche Gesellschaft für Windenergie, Menschingstr. 1, 3000 Hannover*

Beleuchtung

Die Beleuchtung schluckt ca. 1% des jährlichen Energieverbrauchs. Sie schafft Behaglichkeit und bei richtiger Installation und Handhabung ein gesundes Raumklima. Doch auch hier ist Energiesparen ohne Komfortverlust möglich durch
➡ richtige Auswahl, Installation und Benutzung.

Wählen Sie für sich die richtige Beleuchtung!

Auswahlkriterien:
- *Glühlampen:* billig, relativ kurzlebig, daraus folgt hoher Materialverbrauch, insbesondere des knappen Wolframs (Glühfaden); geringe Lichtausbeute bei hohem Energieverbrauch.
- *Energiesparlampen:* teuer, langlebig und gute Lichtausbeute bei richtiger Verwendung, das heißt lange Brennzeiten mit geringem Ein- und Ausschalten, Sondermüll durch Quecksilberanteil.
- *Halogen-Niederspannungsbeleuchtung:* nicht gerade billig, gute Lichtausbeute, energiesparend trotz Wärmeverlusten durch Trafo (verbessert, wenn Trafo für mehrere Lampen benutzt wird); zum Teil mechanisch und elektrisch unsicher (StiWa, Test 12/88).
- *Neonbeleuchtung:* billig durch Langlebigkeit, gute Lichtausbeute, geringer Stromverbrauch, sollte mit anderer Beleuchtung gemischt werden; Sondermüll durch Quecksilber- und PCB-Anteil. Alte schadhafte Kondensatoren können auch im Haushalt gefährlich werden.

Wichtig: Die Entsorgung nur von Fachfirmen mit abfallrechtlicher Genehmigung vornehmen lassen. Erkundigen Sie sich bei Ihrer kommunalen Umweltberatung.

Ab 1982 produzierte Neonleuchten enthalten kein PCB mehr!

Installation und Benutzung:
- nur nach Vorschrift;
- Gesamtbeleuchtung aus mehreren Quellen in Abhängigkeit vom Helligkeitsbedürfnis;
- überflüssige Beleuchtung in unbenutzten Räumen ausschalten.

Fleißige Helfer im Haushalt

»Die Energie aus der Steckdose macht's möglich, und der Stromzähler saust. Immer mehr große und kleine elektrische Helfer drängen in den Haushalt.«[5]

Sie sparen Arbeit, bringen Freizeit und benötigten schon 1985 rund 42% des Strombedarfs.

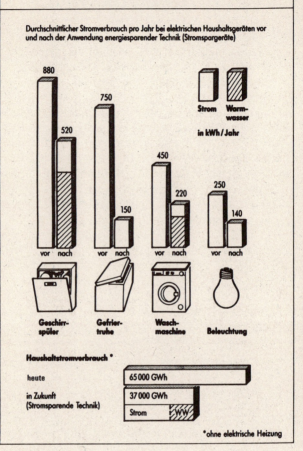

Eine Studie des Öko-Instituts nennt Einsparmöglichkeiten bis zu 70% durch technische Verbesserungen.
Wie stark sich dadurch der Energieverbrauch verringern könnte, zeigt die obenstehende Abbildung.
Viele Haushaltsgeräte weisen bereits deutlich verringerte Verbrauchswerte auf.
Durch nachfolgende Tips zum Kauf und Gebrauch können Sie bis zu 45% Energie sparen.

Bevor Sie einkaufen gehen, sollten Sie wissen:
- Je weniger Geräte Ihren Haushalt unterstützen, um so niedriger ist der Energieverbrauch. Denn auch Herstellung und Beseitigung kosten Energie! Überprüfen Sie deshalb Nutzen und Einsatz.
- Je länger Sie vorhandene Geräte ausnutzen, um so höher ist die Rentabilität. Je länger z.B. eine Waschmaschine hält, um so günstiger wird der einzelne Waschvorgang, und um so geringer ist damit die Umweltbelastung.
Reparaturen sollten Sie daher grundsätzlich vor jedem Neukauf in Betracht ziehen.

Und beim Kauf:
- Vergleichen Sie die Verbrauchswerte in den Produkt- bzw. Geräteinformationen der Hersteller. Am besten lassen Sie sich über Vor- und Nachteile der Geräte bei den Verbraucherzentralen beraten.

Und beim Gebrauch:
- Sorgen Sie dafür, daß Ihre Geräte optimal eingesetzt werden.

Mehr dazu bei den Spartips und Maßnahmen in der folgenden Tabelle.

Energie im Haushalt: Umwelt- und Spartips auf einen Blick

Maßnahme	Einsparung	Wirkung auf Umwelt	Wirkung auf Gesundheit
Heizen *einmalig:* 🔺 Heizungsanlage überprüfen auf – Alter, – Abgaswerte, – Verbrauch, – Heizraumtemperatur, – richtige Installation. 🔺 Beratungsgespräch mit einer Energieberatung führen. 🔺🔺 Bei Neukauf: abgasarme Heizungsanlage installieren lassen (nach Information durch Energieberatung).	Kostenminimierung bis zu 30%, mit Wärmedämmung bis zu 50%	Reduzierung der Luftbelastung, Erhaltung der Energieressourcen Schadstoffreduzierung bis zu 40%[15]	gesündere Atemluft durch geringere Energieproduktion . . . . . .

74 Energie

Maßnahmen	Einsparung	Wirkung auf Umwelt	Wirkung auf Gesundheit
⬆ Richtige Wärmedämmung durchführen. (Vergl. StiWa, Sonderheft »Energiesparen« 4/89)	je nach Aufwand bis 15%[12]	Erhaltung der Energieressourcen, Reduzierung der Luftbelastung	gesündere Atemluft durch geringere Energieproduktion
⬆ Heizkörperventile installieren.	6% je °C		
⬆ Raumtemperatur individuell absenken.	bis zu 15%[12]		
⬆ Heizkörperverkleidungen, Gardinen und Möbel vor den Heizkörpern beseitigen.	bis zu 5%[12]		
⬆ Heizkörperreflexionsplatten bzw. -folien anbringen			
laufend:			
⬆ Richtig lüften (Thermostatventile dabei schließen).	bis zu 2%[12]	....	....
⬆ Kamine u. ä. – wie gesetzlich vorgeschrieben – nur mit gut abgelagertem Holz beheizen. Nicht zur privaten Müllverbrennung benutzen.			

Nicht verschwenden - richtig verwenden

Maßnahmen	Einsparung im Jahr (DM)	Wirkung auf Umwelt	Wirkung auf Gesundheit
Warmwasserbereitung *einmalig:* ⬆ Anlagen und Geräte überprüfen. ⬆ Wassertemperatur reduzieren. *laufend:* ⬆ Warmwasser sparen. ⬆ Anlagen und Geräte warten.	system-abhängig pro m³ ca. 6,–	Erhaltung von Energieressourcen, Reduzierung der Luftbelastung	gesündere Atemluft durch geringere Energieproduktion
Beleuchtung *einmalig:* ⬆ Beleuchtung überprüfen. ⬆ Neonleuchten auf schadhafte Kondensatoren überprüfen (wichtig: Entsorgung durch Fachfirmen!). ⬆ Glühbirnen mit hoher Leistung durch solche mit niedriger Leistung ersetzen. ⬆ Halogen-Niederspannungsbeleuchtung u. ä. (s. StiWa, Test 12/88) installieren.		. . . .	. . . .

Maßnahmen	Einsparung im Jahr (DM)	Wirkung auf Umwelt	Gesundheit
laufend: ⬆ Überflüssige Beleuchtung ausschalten.		·	gesündere Atemluft durch geringere Energieproduktion
Haushaltsgeräte *einmalig:* ⬆ Jede Neuanschaffung auf Nutzen und Verbrauch überprüfen.	nicht für alle Geräte anzugeben (siehe Geräte)	Erhaltung der Energieressourcen, Reduzierung der Luft- und Abwasserbelastung	· · · · · · ·
laufend: (nach Geräten sortiert) *WASCHMASCHINE* ⬆ Möglichst wenig waschen. ⬆ 60°C- statt Kochwäsche wählen.	ca. 1/3 an Energie ca. 40,–[12] ca. 40,–[12] (incl. Wasser)		
⬆ Waschmaschine voll auslasten. ⬆ Ohne Vorwäsche waschen.			
⬆ Energie-, wasser- und waschmittelsparende Geräte kaufen.	ca. 69,–[5] (incl. Wasser)		

Nicht verschwenden - richtig verwenden

Maßnahmen	Einsparung im Jahr (DM)	Wirkung auf Umwelt	Wirkung auf Gesundheit
TROCKNER: ▲ Möglichst auf Trockner verzichten. Wäsche an der Luft trocknen. ▲ Wäsche mindestens mit 800–1000 U/Min. in der Waschmaschine schleudern. ▲ Wäsche (bei Trocknern mit Zeitsteuerung) nicht übertrocknen lassen ▲ Wenn Neuanschaffung, Ablufttrockner mit Feuchtigkeitssteuerung wählen. *WASCHTROCKNER:* ▲ Alternativen zum Gerät überprüfen. ▲ Wenn Kauf unumgänglich, Gerät mit Turbosystem kaufen. *BÜGELMASCHINE:* ▲ Bügeln mit temperaturempfindlichen Textilien beginnen. ▲ Die gesamte Walzenbreite und Nachwärme nutzen.	ca. 150,–[12] ca. 16,–[5]*	Erhaltung der Energieressourcen und Abwasserentlastung	gesündere Atemluft durch geringere Energieproduktion . . . . . .
*Angaben für 3-Personen-Haushalt			

Maßnahmen	Einsparung im Jahr (DM)	Wirkung auf Umwelt	Wirkung auf Gesundheit
GESCHIRRSPÜLMASCHINE: ♦ Gerät voll ausnutzen. ♦ Große und sperrige Geschirrteile von Hand spülen. ♦ Sparprogramm möglichst oft einsetzen. ♦ Bei Neuanschaffung: Gerät mit niedrigen Verbrauchswerten wählen.	ca. 37,–[4]	Erhaltung der Energieressourcen und Abwasserentlastung	gesündere Atemluft durch geringere Energieproduktion
HERD: ♦ Backofen nicht vorheizen. ♦ Backofen, insbesondere mit Umluft, auf allen Garebenen ausnutzen. ♦ Restwärme von Kochplatten bzw. -feldern ausnutzen. ♦ Kochgeschirr in Abhängigkeit zur beheizten Fläche wählen. ♦ In gut schließendem Kochgeschirr wasserarm und nährstoffschonend garen. ♦ Bei langen Garzeiten Schnellkochtopf einsetzen.	bis zu 40% Energie	. . . .	. . . .
MIKROWELLENGERÄT: ♦ Häufig für kleine Portionen einsetzen.	variiert mit Gerät und Gargut		

Nicht verschwenden - richtig verwenden

Maßnahmen	Einsparung im Jahr (DM)	Wirkung auf Umwelt	Wirkung auf Gesundheit
KÜHL- UND GEFRIERGERÄTE: ▲ Nur mit kalten und abgepackten Lebensmitteln beschicken. ▲ Türe bei Entnahme schnell wieder schließen. ▲ Regelmäßig abtauen (und säubern). ▲ Dichtungen regelmäßig überprüfen, gegebenenfalls erneuern. ▲ Nicht neben Wärmequellen, wie z. B. Herd oder Heizung stellen. Neuere Geräte aber auch nicht in zu kalter Umgebung aufstellen (bitte die Herstellerangaben beachten). ▲ Energiesparende Geräte kaufen. Altgeräte zum Entsorgen bzw. Sondermüll.	ca. 53,–/104,–5*	Erhaltung der Energieressourcen und Klimabedingungen, Verringerung des Ozonabbaus	gesündere Atemluft durch geringere Energieproduktion
Bei vorhandenem Gefriergerät Kühlschrank ohne Verdampferfach kaufen. *KLEINGERÄTE:* ▲ Vorhandene Geräte ausnutzen. ▲ Kauf neuer elektrischer Geräte kritisch überlegen. Vieles läßt sich mit mechanischen oder bereits vorhandenen Geräten erledigen.	50% an Energie Pauschalangaben nicht möglich	. . .	. . .
*Angaben für 3-Personen-Haushalt			

Abschließende Anmerkung zur Tabelle:
Die aufgezählten Einsparungen beeinflussen sich gegenseitig, lassen sich zum Teil pauschal nicht benennen und addieren. Sie sollen Ihnen als Denkanstöße für mögliche Energieeinsparungen dienen.

Die Stiftung Warentest veröffentlichte im Test 7/87 Prognosen zum Stromverbrauch der Haushalte:
Bei der Beleuchtung werden Einsparungen von 9%, bei Fernsehgeräten von 25%, im Phono- und Computerbereich aber Zunahmen von 7 bzw. 393% zu erwarten sein. Der zusätzliche Energieverbrauch durch Neuanschaffungen soll im Jahre 2000 von den erwarteten Energieeinsparungen aufgefangen werden.
Vorausgesetzt, wir sparen Energie!

Würde jeder Bundesbürger täglich nur 1/3 an Energie sparen, wären das im Jahr rund 200 Mrd. kWh und rund 250 kleine Kraftwerke weniger.

Autofahren
Schadstoffe sparen

Ist des Deutschen liebstes Kind, das Auto, Umweltverschmutzer Nr. 1?
Trotz steigendem Umweltbewußtsein nimmt die Anzahl der Personenkraftwagen ständig zu, und damit auch der Ausstoß an Schadstoffen, der Lärm sowie Landschaftsveränderungen und Verkehrstote.
Millionen Tonnen giftiger Schadstoffe, Lärmbelastungen für jeden zweiten Haushalt, 490 000 km Straßennetz und im Jahr 1986 1 934 886 Unfälle sind der Preis für mehr Bequemlichkeit, Beweglichkeit und Individualität. Etwa 30 Mio. PKWs liefern uns zur Zeit diesen Komfort![20] Der Appell, ganz auf das geliebte Fahrzeug zu verzichten, verhallt sicherlich ungehört. Dies wäre auch nicht die alleinige Lösung für das steigende Waldsterben, die beginnende Klimakatastrophe und Umwelt- und Gesundheitsschäden, die im Zusammenhang mit den Auspuffgasen genannt werden.

> **Dennoch kann jeder Autofahrer etwas tun, um die Umwelt zu entlasten!**

Schauen wir uns die Umweltbelastung näher an:
24% des Endenergie- und rund die Hälfte des Mineralölbedarfs der Bundesrepublik fließen zur Zeit in den Verkehr. Das sind ca. 51,5 Mrd. l Kraftstoffe, die zu ca. 3/4 vom Personenverkehr verbraucht werden[20] und zu folgenden **Schadstoff- und Gesundheitsbelastungen** jährlich führen[21]:
- 3 Mio. t *Kohlenmonoxid (CO)*
  blockieren die Sauerstoffaufnahme ins Blut, gefährden besonders Herz- und Kreislaufkranke in verkehrsreichen Straßen und bei Smogwetterlagen und werden relativ schnell in Kohlendioxid umgewandelt;

- *Kohlendioxid (CO_2)*
  ist maßgeblich am befürchteten »Treibhauseffekt« beteiligt;
- 250 000 t *Kohlenwasserstoffe (HC)*,
  wie Benzol, das krebserregend ist und in den Städten zum Smog beiträgt;
- 1,9 Mio. t *Stickoxide (NO_x)*
  = 60% des Gesamtaufkommens; bilden durch Sonnenstrahlung mit anderen Stoffen Salpetersäure, sind zu 1/3 am sauren Regen und an der Bildung des giftigen Ozons beteiligt[22];
- 100 000 t *Schwefeldioxide (SO_2)*
  sind giftig für die Atemwege und Pflanzen und Hauptverursacher des sauren Regens;
- 12 000 t *Staubpartikel*,
  vorwiegend aus Blei und Dieselruß bestehend, führen langfristig zur Schädigung des Nervensystems; Dieselruß steht im Verdacht, Krebs zu erregen.

Die Beseitigung der Abgasschäden kostet uns jährlich ca. 12 Mrd. DM.
Das Ausmaß an Schadstoffen ist abhängig von Autotyp, -alter, technischem Zustand (z.B. Einstellung der Gemischsysteme, Ölwartung), der Ausstattung, dem Betriebsstoff und dem Fahrverhalten.

Umweltschonend autofahren — geht das?

Durch *technische Veränderungen, alternative Kraftstoffe sowie durch Veränderung des Fahrverhaltens* und der Fahrgewohnheiten läßt sich der Schadstoffausstoß stark reduzieren und die Umwelt auch beim Autofahren entlasten.

Technische Veränderungen

1988 zeigten Hochrechnungen, daß 82,7% des Personenverkehrs durch Privat-PKWs und nur noch 9,4% (im Gegensatz zu 19,2% im Jahre 1960) vom Nahverkehr getragen wurden. Ohne die Hintergründe dieser Entwicklung näher zu beleuchten, wird deutlich, daß das Autofahren erheblich umweltfreundlicher werden muß. So müssen seit Oktober 1988 alle PKWs mit größerem Hubraum bei neuer oder geänderter Betriebserlaubnis schadstoffarm sein, um überhaupt die Zulassung zu erhalten (siehe auch in der Tabelle unter »Nachrüstung«). In Abhängigkeit von Fabrikat, Hubraum und Zulassungsjahr wird die Abgasentgiftung durchgeführt mittels[24]

- Abgasrückführung,
- Elektro-Pneumatik-Kit (Steuerung von Zündverteiler und Vergaser bei Peugeot-Talbot),
- Katalysator (geregelter 3-Wege-Kat oder ungeregelt),
- Mikro-Katalysator (bei VW für kleine PKWs),
- NO_x-Controll (Stickstoffoxidkontrolle),
- Vergaserzusatzgerät bzw. Vergaserumbausatz,
- Maßnahme an der Zündung oder
- Elmojet[25].

Der 3-Wege-Katalysator mit Lambda-Sonde (eingebaut in Neuwagen) reduziert z.B. die Schadstoffmenge um 90%, der ungeregelte um ca. 50%.

Ab 1991 sollen im Rahmen der EG-Abstimmung in der Bundesrepublik Deutschland nur noch PKWs mit 3-Wege-Katalysator neu zugelassen werden.
Die Entscheidung für die Abgasentgiftung lohnt sich für die Umwelt immer!
Und die Umrüstung von Gebrauchtwagen für den *Geldbeutel* auch nicht selten. Die Leistung des PKWs bleibt voll erhalten, der Verbrauch ändert sich nicht.
Je nach Abgasentgiftung erhalten Sie Steuervorteile und Förderungsbeiträge, die umgerechnet auf die Lebensdauer des Autos, die Nachrüstungskosten auffangen.
Seit dem 1. 1. 1990 gelten folgende **Regelungen für Neuzulassungen und Nachrüstungen von PKWs:**

	Kleinwagen unter 1,4 l Hubraum		Mittelklasse 1,4 – 2,0 l Hubraum		Oberklasse über 2,0 l Hubraum	
	Regelung		Regelung		Regelung	
	bisher	neu	bisher	neu	bisher	neu
Neuzulassung mit geregeltem 3-Wege-Kat	375,–	1100,– a,b	1100,–	1100,– a	—	—
mit ungeregeltem 3-Wege-Kat	375,–	—	1100,–	—	—	—
Nachrüstung mit geregeltem g 3-Wege-Kat	375,–	1100,– c,f	1100,–	1100,– d	—	1100,– c,e
mit ungeregeltem 3-Wege-Kat	375,–	550,– c,f	1100,–	550,– d	—	550,– c,e

a Förderung durch Befreiung von der Kfz-Steuer, wie bisherige Regelung.
b Wer einen solchen PKW mit geregeltem 3-Wege-Katalysator bereits erworben hat, erhält rückwirkend eine längere Steuerbefreiung im Gesamtwert von ca. 1100,– DM, wobei die bisherige Steuerbefreiung angerechnet wird.
c Förderung als Barauszahlung. Die Förderung wird auch rückwirkend ab 27. 4. 1989 gewährt.
d Förderung als Barauszahlung für Nachrüstungen ab 1. 1. 1990.
e Bei Erstzulassung vor dem 1. 10. 1988.
f Der Förderbetrag wird auch für Fahrzeuge gewährt, die bisher schon die Stufe C (»bedingt schadstoffarm«) eingehalten haben und damit von der Steuer befristet befreit waren.
g Produkte mit Lambda-Sonde erhalten neuerdings das Umweltzeichen.

Wichtig: Bei der Nachrüstung mit ungeregeltem Katalysator ist nach Absprache mit der Werkstatt die Einhaltung der Schadstoffgrenzwerte abzuklären.
Letzteres gilt auch für die Nachrüstung von PKWs über 2 l Hubraum (Erstzulassung vor dem 1. 10. 1988) mit ei-

nem 3-Wege-Katalysator. Um den Förderbetrag von 1100,– DM zu erhalten, müssen die Schadstoffgrenzwerte der US-Norm erreicht werden. Der Einbau eines Verdunstungsfilters (Kohleaktivfilter für Benzingase) in einen mit geregeltem 3-Wege-Katalysator umgerüsteten PKW wird zusätzlich mit 100,– DM gefördert.
Nach Aussage von Experten lassen sich rund 2 Mio. Altwagen umrüsten, und rund 9 Mio. PKWs vertragen durch Wechselbetankung auch bleifreies Benzin.

So lassen Sie Ihren Gebrauchtwagen umrüsten:
- Erkundigen Sie sich bei Ihrem Händler oder Ihrer Werkstatt nach Möglichkeiten und Kosten der Durchführung, nach Einstufung sowie Steuervorteilen und Förderungen.
- Fahren Sie Ihren Wagen vor dem Umrüsten mit einem ungeregelten Katalysator einige Male mit bleifreiem Benzin, damit die Umrüstung problemlos klappt.
- Lassen Sie Ihren Wagen in einer Werkstatt mit Berechtigung zur Abgassonderuntersuchung (ASU) umrüsten, und verlangen Sie eine Bescheinigung. Die Bescheinigung benötigen Sie für die Zulassung und Ihr Finanzamt.
(Einige Bundesländer verlangen für die Zulassung einen verengten Tankeinfüllstutzen, der das Einfüllen von bleihaltigem Benzin verhindert!)

Tips zum Gebrauch:
- Fahren Sie möglichst bleifrei (auch, wenn's Ihre Abgasentgiftung nicht verlangt).
- Schleppen Sie Ihr Katalysator-Auto nicht an, sondern benutzen Sie ein Überbrückungskabel zum Starten.
- Stinkende Katalysatoren können häufig in der Werkstatt »entschärft« werden.

Alternative Kraftstoffe

Umweltfreundliche Kraftstoffe gibt es nicht, aber einige, die die Umwelt etwas weniger belasten. Beispielsweise das *bleifreie Benzin*. Alternativ als Superkraftstoff bringt es eine große Bleientlastung.

Zwar ist der Benzolgehalt in bleifreiem Normalbenzin im Durchschnitt etwas höher als im verbleiten, es fallen jedoch andere Schadstoffe weg.
Verbleites Super (ca. 52%) ist auf keinen Fall eine Alternative. Anfang 1989 wurde das Angebot um ein *verbessertes Super-bleifrei* mit 98 Oktan erweitert.[26]
Auch der *Dieselkraftstoff* ist keine Alternative. Die Vorteile des geringen Verbrauchs werden durch hohe Emissionen an Schwefeldioxid, polyzyklischen aromatischen Kohlenwasserstoffen (PAH) und von krebserzeugenden Rußpartikeln wieder aufgehoben. Wo Benziner schadstoffarm mit Steuererleichterungen fahren können, heißt es für Dieselbesitzer seit 1989 wieder mehr bezahlen. Rußfilter oder andere technische Veränderungen können die Emissionen mindern.
➠ Erkundigen Sie sich bei Ihrem Autohändler!
Eine umweltfreundliche Alternative ist das *Autogas*, das in anderen Länder häufig gefahren wird. Der Einbau von Autogasanlagen ist auch in Deutschland möglich, Gastankstellen aber muß man noch suchen.

Und das Fahrverhalten ...?

Weitere Umweltentlastungen sind möglich durch das richtige Fahrverhalten und die Änderung der Fahrgewohnheiten. Im Paragraphen 1 der Straßenverkehrsordnung (StVO) heißt es:
»Jeder Verkehrsteilnehmer hat sich so zu verhalten, daß kein anderer geschädigt, gefährdet, behindert oder belästigt wird.«

Umweltschonend autofahren - geht das?

Weiter im Paragraphen 30, Absatz 1:
»Bei Benutzung von Fahrzeugen sind unnötiger Lärm und vermeidbare Abgasbelästigung verboten. Es ist insbesondere verboten, Fahrzeugmotoren unnötig laufen zu lassen.« Bei Verstößen gegen diese Verordnungen kostet »verbotenes Lärmen« 20,– DM und »übermäßige Abgas- und Geräuschentwicklung« 40,– DM.[27]
(In der Schweiz muß jeder fünfte in einer stehenden Kolonne den Motor abstellen. Bei Verstoß wird gezahlt.)
Seien wir ehrlich, wer kann schon mit reinem Gewissen alle Schuld von sich weisen?
Die bundesweite Einführung des bleifreien Benzins und der Einbau schadstoffreduzierender Einrichtungen konnte den jährlichen Schadstoffausstoß in der BRD zwar verringern, doch angesichts der steigenden Kilometerleistungen und Neuzulassungen hat sich die Schadstoffbilanz nicht stark verändert.[20]

> **Deshalb ist jeder von uns gefordert, sein Fahrverhalten und seine -gewohnheiten unter die Lupe zu nehmen!**

Hochtouriges Fahren, der Kavalierstart, das Warmlaufenlassen des Motors an der Ampel und im Winter sowie hohe Geschwindigkeiten erhöhen den Schadstoffausstoß und können bis zu 45% mehr an Sprit kosten.[12]
➡ Fahren Sie ruhiger und langsamer.
➡ Lassen Sie Ihrem Auto eine Chance zum Ausrollen!
➡ Fahren Sie die Gänge nicht unnötig hoch aus, schalten Sie rechtzeitig und fahren Sie langsam an.
➡ Das Laufenlassen des Motors im Leerlauf schadet nur der Umwelt.
 Schalten Sie den Motor bei langen Ampelzeiten aus. Eine Start-Stop-Anlage ermöglicht ein Aus- und Anschalten per Knopfdruck und spart pro 100 km jeweils 2 l Sprit.[12] (Erkundigen Sie sich bitte bei Ihrer Werkstatt.)
➡ Fahren Sie möglichst maximal 100 km/h auf Autobahnen und 80 km/h auf Bundesstraßen. Sie reduzieren so 15–20% der Stickstoffoxidabgabe.
➡ Lassen Sie Ihr Auto bei Smogalarm aus Solidarität mit der Umwelt stehen.

- Sparen Sie Fahrten, die nicht nötig sind!
- Kurzstrecken, sogenannte Kaltstarts, kosten unnötig Sprit und damit Ihr Geld.
- Erledigen Sie kurze Wege möglichst zu Fuß oder mit dem Fahrrad. Ihre Gesundheit und Umwelt wird es Ihnen danken.
- Fahrgemeinschaften und das Umsteigen auf den öffentlichen Nahverkehr für den Weg zur Arbeit schonen die Nerven, die Umwelt und die Energiereserven. *Wichtig:* Bei Fahrgemeinschaften den Versicherungsschutz abklären!
- Reisen Sie streßfrei – mit dem Autoreisezug.
- Erhalten Sie die Natur durch aktive Bürgerbeteiligung an Verkehrs- und Straßenplanungen!

Weitere Umweltbelastungen
treten durch die *Produktion, Pflege, Wartung* (sprich Waschen, Wachsen, Öl- und Reifenwechsel) und durch die *Beseitigung des ausrangierten Fahrzeugs* auf.
Obwohl 95% des Autoschrotts recycled werden, gelangen durch den Lack, Batterieflüssigkeiten, Getriebeöl usw. Schadstoffe in Luft, Boden und Grundwasser.
Durch die **richtige Auswahl eines Neuwagens** haben Sie indirekt Einfluß auf die Produktion:
- Kaufen Sie ein Auto mit geringen Verbrauchswerten, maximaler Abgasentgiftung, asbestfreien Brems- und Kupplungsbelägen, schadstoffarmer Lackierung, spritsparender Karosserie und guter Qualität.
  Je länger das Auto hält, um so geringer ist die Umweltbelastung!

Wichtig für die Erhaltung des Autos und der Umwelt sind die richtige Wartung und Pflege, nicht zu verwechseln mit dem wöchentlichen Waschen.

Wartung und Pflege

- Lassen Sie mindestens einmal im Jahr den Vergaser und die Zündung, die Abgaswerte und den Luftfilter überprüfen. Sie sparen dadurch ca. 15–20% an Sprit.[12] Lassen Sie Ihr Fahrzeug möglichst in Fachwerkstätten warten. Vieles erledigt sich schon durch die ASU-Prüfung.

- Überprüfen Sie regelmäßig den Ölstand und wechseln Sie das Öl rechtzeitig. Altöl unbedingt beim Neukauf zurückgeben, niemals durch den Hausmüll oder über den Boden beseitigen (vergleiche »Müll«).
- Lassen Sie sich nach Absprache mit der Werkstatt einen Nebenstromölfilter (»Frantz«-Filter) einbauen. Sie sparen viele Ölwechsel.
- Bremsbeläge und Reifen rechtzeitig wechseln. Zu stark runtergefahrene Reifen erhöhen nicht nur das Sicherheitsrisiko, sie brauchen auch bis zu 3% mehr Sprit.
- Wählen Sie bei Ersatz asbestfreie Bremsbeläge und möglichst runderneuerte Reifen.
- Überprüfen Sie ca. alle 14 Tage am kalten Reifen den Druck. Bei Zuladungen Betriebsanleitung beachten!
- Zuladungen erhöhen nicht nur den Reifendruck, sondern auch den Spritverbrauch. Im Urlaub bei der Reisegepäckauswahl daran denken!
- Bauen Sie den Gepäckträger nach dem Urlaub ab. Auch das hilft sparen.
- Kontrollieren Sie öfters einmal Ihren Spritverbrauch!

Denken Sie auch an Schadstoffe im Innenraum des Autos!
Diese können zu Gesundheitsgefährdungen führen und durch Lüften und andere Vorsichtsmaßnahmen reduziert werden.

Mögliche Ursachen:
- Benzolausdünstungen aus Kunststofftanks, Reservekanistern und durch das Tanken
  Wichtig: Beim Tanken Zapfhahn auf Automatik stellen, Ausdünstungen nicht einatmen; nach Absaugvorrichtung an Zapfhähnen und beim Autokauf nach integriertem Aktivkohlefilter fragen
- erhöhte Schadstoffbelastung um 25 bzw. 35% an Kohlenmonoxid bzw. Kohlenwasserstoffen, die im Stadtverkehr durch das Gebläse eindringen
- Kunststoffabgasungen bei Neuwagen

Die Zusammenfassung unserer Tips finden Sie wieder in der nachfolgenden Maßnahmentabelle.

Autofahren: Umwelt- und Spartips auf einen Blick

Maßnahmen	Einsparung (Sprit pro Jahr)	Wirkung auf Umwelt	Wirkung auf Gesundheit
einmalig:		Reduzierung der Luftbelastung, Erhaltung der Energieressourcen	bessere Atemluft, weniger Gesundheitsschäden, auch für spätere Generationen . . . .
↟ Auto mit geregeltem 3-Wege-Katalysator, günstigen Verbrauchswerten, asbestfreien Brems- und Kupplungsbelägen, mit schadstoffarmem Lack, Korrosionsschutz, Metalltank und guter Qualität kaufen.			
↟ Leistung des Wagens nach individuellen Bedürfnissen, aber auch nach Umweltaspekten auswählen.	ca. 15% (bei Stadtverkehr)		
↟ Start-Stopp oder andere Sprit-Spar-Anlage einbauen lassen. Investition: ca. 230,– DM, incl. Einbau.	von Steuervorteilen abhängig		
↟ Gebrauchtwagen mit Abgasentgiftung nachrüsten und genehmigen lassen. Investition: ca. 700,– bis 1 200,– DM.[28]			
↟ Asbestfreie Brems- und Kupplungsbeläge einbauen lassen.			
↟ Fahrgemeinschaften bilden.	bei 4 Personen täglich bis zu 70%[29]		
↟ Ausrangiertes Auto zum Kfz-Schrotthändler geben. Nach Kat-Recycling erkundigen.			

Umweltschonend autofahren – geht das?

Maßnahmen	Einsparung (Sprit pro Jahr)	Wirkung auf Umwelt	Gesundheit
laufend:		Reduzierung der Luftbelastung, Erhaltung der Energieressourcen	bessere Atemluft, weniger Gesundheitsschäden, auch für spätere Generationen
⬆ Bleifrei tanken.			
⬆ Vor Reiseantritt nach Tankstellen mit »bleifrei« im Ausland erkundigen.			
⬆ Fahrbetrieb überwachen; bei fehlerhafter Zündung oder anderen Defekten mit verringerter Geschwindigkeit Werkstatt aufsuchen.			
⬆ Fahrverhalten und Gewohnheiten überprüfen.			
⬆ Ruhiger und langsamer fahren.	bis zu 45%		
⬆ Gänge nicht zu hoch ausfahren.			
⬆ Möglichst nicht mit Motorbremse stoppen. Wagen ausrollen lassen.			
⬆ Bei längeren Stopps Motor ausstellen. Motor nicht im Leerlauf warmlaufen lassen.	ca. 15%		
⬆ Möglichst auf Autobahnen 100 und auf Bundesstraßen 80 km/h fahren.	bis zu 20%		
⬆ Kurzstrecken ohne Auto erledigen.			
⬆ Wenn es geht, auf Nahverkehr umsteigen.			
⬆ Bei Smogalarm Fahrten vermeiden.	100%		
⬆ Auto pflegen und warten.			

Maßnahmen	Einsparung (Sprit pro Jahr)	Wirkung auf Umwelt	Wirkung auf Gesundheit
⬆ Auto einmal im Jahr auf Abgas, Zündung, Vergasereinstellung überprüfen lassen.	bis zu 20%	Reduzierung der Luftbelastung, Erhaltung der Energieressourcen	bessere Atemluft, weniger Gesundheitsschäden, auch für spätere Generationen
⬆ Bremsbeläge, Reifen, Luftfilter, Motor- und Getriebeöl regelmäßig überprüfen und rechtzeitig erneuern.	bis zu 20%		
⬆⬆ Schalldämpfer mit Umweltzeichen wählen.	bis zu 12%		
⬆⬆ Dachgepäckträger nach Gebrauch abnehmen.		. . .	
⬆⬆ Überprüfung des Spritverbrauchs.			
⬆ Altöl beim Händler abgeben.		Reduzierung der Boden- und Grundwasserbelastung	Erhaltung der Trinkwasserreserven
⬆ Auto nur in Waschstraßen mit Umweltzeichen waschen.	(umweltfreundlich * Autowäsche ohne Abwasser)		
⬆ Für Pflegearbeiten nur Produkte mit Umweltzeichen verwenden. (Bei Sprays: Pumpzerstäuber!)		geringere Klimabelastung	. . .
⬆⬆⬆ Nicht auf Geh- und Fahrradwegen parken.		Erhaltung des Allgemeinwohls	Erhaltung günstiger Lebensbedingungen
⬆⬆⬆ Verkehrsberuhigte Zonen beachten!			
⬆⬆⬆ Autotüren leise schließen.			
Angaben zur Spriteinsparung nach[12]			

Umweltschonend autofahren - geht das?

Ernährung

Verzehren wir unsere Umwelt?

Wir leben in einer Wohlstandsgesellschaft, in der Fehl- und Überernährung an der Tagesordnung sind. Durch den Überkonsum industriell aufbereiteter Nahrungsmittel, dem Trend zu »Fastfood«- und Fertiggerichten häufen sich **Zivilisationskrankheiten** wie Übergewicht, Diabetes, Gicht, Erkrankungen der Verdauungsorgane, Herz- und Kreislaufschwächen, Blutverfettung und -hochdruck sowie Krebs. Karies haben mittlerweile schon fast alle. Auf eine kurze Formel gebracht:
Wir essen zuviel, zu süß, zu fett, zuviel Fleisch, zuwenig Ballaststoffe, Vitamine und Mineralstoffe.
Die Ernährungssünden kosten uns jährlich 42 Mrd. DM!
Schadstoffe aus Umwelt, Lebensmittelerzeugung und -verarbeitung, Transport und Lagerung runden die ohnehin schon ungesunde Ernährung ab!
Fehlgeleitetes Ernährungsverhalten und **Umweltschäden** sind eng miteinander verbunden.
Die große Palette an Lebensmitteln, importiert aus fernen Ländern, aufwendig verpackt in Dosen, Kunststoffolien, gekühlt, gefroren oder getrocknet, kann nur mit einem hohen Aufwand an Energie, Düngern, Pestiziden, importierten Futtermitteln, Masthilfen und Tierarzneimitteln erzeugt werden.
Die Erzeugung einer Nahrungskalorie verbraucht mehr als nur eine technische Kalorie. So kostete die Nahrungsmittelproduktion 1986 43 Mrd. kWh! Davon entfielen rund 18% auf die Genußmittel-, 20% auf die Zuckerherstellung und 1983 11,5% auf den Transport.[15]

Schauen wir uns die Nahrungsmittel genauer an:
Beim Anbau von Hülsenfrüchten, Bio-Getreide, Kartoffeln u. ä. benötigen wir für *1* Nahrungskalorie nur *0,1–0,2* Kalorien fossile Energie, dagegen kostet uns *1* Nahrungskalorie aus intensiver Rinderzucht und Hochseefischerei schon *5–20* Kalorien!

Zusätzlich zum technischen Energieverbrauch verbraucht die Produktion tierischer Lebensmittel pflanzliche Futterkalorien.
Wir Deutschen essen jährlich pro Person bis zu 100 kg (Schlachtgewicht) Fleisch und Wurstwaren, das heißt: jeder von uns ca. ein halbes Schwein!

Für jedes kg Fleisch müssen in der **Intensivmast** durchschnittlich 7 kg Getreide verfüttert werden. Ein Großteil der pflanzlichen Energie geht bei der Fleischerzeugung als Wärme verloren.
Umgerechnet auf den jährlichen Konsum an tierischen Lebensmitteln hat jeder von uns 700 kg Getreide verbraucht. Das sind unter Berücksichtigung der letzten Volkszählungsergebnisse bei etwa 61 Mio. Einwohnern 42,7 Mrd. kg Getreide.
Die Futtermittel werden zu 1/3 aus Ländern der Dritten Welt *importiert*, wo täglich Tausende von Menschen verhungern!
Aufgrund des hohen Futtermitteleinsatzes braucht die Landwirtschaft für die Fleischerzeugung mehr Nutzfläche als für den Anbau pflanzlicher Produkte, die direkt für die menschliche Ernährung bestimmt sind.

Ein Mehr an Fläche bedeutet bei **Monokulturen** ein Mehr an Düngemitteln und Pestiziden:
Allein in Deutschland gelangen jährlich »30 000 t Unkraut- und Schädlingsbekämpfungsmittel (Herbizide und Insektizide) in rund 1 500 Präparaten in unsere Umwelt«[30], also in Boden, Grundwasser und Lebensmittel.

Die **Massentierhaltung** läuft nicht ohne Hilfsmittel. So manches Schwein stirbt ohne Beruhigungsmittel kurz vorm Schlachten an Streß!
Der Schweinestreß hängt zum Teil auch mit den Verbraucherwünschen nach fettarmem Fleisch zusammen. Schweine, die auf viel Fleisch mit möglichst wenig Fett gezüchtet werden, sind besonders streßanfällig und liefern zudem schlechtere Fleischqualität.
»Der Schwarzhandel mit verbotenen Tiermedikamenten wie Tranquilizern, Antibiotika, Sulfonamiden, Betablockern und Oestrogenen geht noch immer in die Millionen und in unsere Lebensmittel.«[30]

Als Fleischbeigaben liefert die Massentierhaltung
- Unmengen an *Gülle*. Auf Felder und Wiesen aufgebracht, reichert sie Oberflächen- und Grundwässer mit Nitraten an (vergleiche Kapitel »Wasserschutz«), die auch wieder beim Menschen landen;
- *Methan* (aus dem Verdauungssystem der Rinder), ein Gas, das zum gefürchteten Treibhauseffekt unserer Erde beiträgt.

Diese Aufzählungen mögen als Grundlage für unsere ersten Empfehlungen genügen:

➡ Essen Sie möglichst weniger Fleisch, dafür aber mehr pflanzliche Kost wie Getreide, Gemüse, Obst und Nüsse.

➡ Wenn Sie Fleisch kaufen, dann
  – wenig Schweinefleisch, am besten marmoriertes damit es in der Pfanne nicht einläuft;
  – sollte Kalbfleisch rosafarben sein, was auf eine gesunde Tierhaltung hinweist;
  – verzichten Sie möglichst auf Innereien wie Leber und Nieren. Sie enthalten Schwermetalle;
  – in Fachgeschäften, Bio-Läden, Supermärkten, die schadstoffarmes, umwelt- und tiergerecht erzeugtes Fleisch führen;
  – erkundigen Sie sich vorher nach Strahlenmeßwerten, was besonders bei Wild anzuraten ist.

➡ Verzichten Sie auf übermäßigen Zucker- und Genußmittelkonsum. Deren Herstellung kostet viel Energie, der Verzehr Ihre Gesundheit.

➡ Kaufen Sie keine energieintensiven Produkte, wie Treibhausgemüse oder andere Exoten, die erst über lange Transportwege in unsere Regale kommen.

➡ Kaufen Sie lieber saisongemäß frische Ware aus der näheren Umgebung, z.B. auf Wochenmärkten, beim Bauern, in Naturkostläden, Reformhäusern oder Läden mit Frischkostangebot.

➡ Gut 40% seiner *Schwermetalle* aus der Umwelt nimmt der Mensch durch Obst und Gemüse auf. Schwermetalle, die über den Luftweg auf das Obst und Gemüse gelangen, können relativ gut durch Waschen und Abbürsten wieder entfernt werden, insbesondere von glatten Oberflächen. Schwieriger ist das schon bei Gemüse mit relativ großer Oberfläche im

Verhältnis zum Gewicht (Spinat, Grünkohl). Waschen nützt nicht viel gegen Schwermetalle, die die Vegetabilen im Laufe ihres Wachstums aus dem Boden aufgenommen und innen gespeichert haben. Als besondere Speicherorgane gelten die vegetativen Pflanzenteile (Wurzeln, Sproß, Blätter), während die generativen Teile zumeist weniger Schwermetalle enthalten (z.B. Früchte). Ausnahmen bilden hier aber die Fruchtkörper von Wildpilzen. Zuchtpilze sind in der Regel wenig mit Schwermetallen und Radioaktivität belastet.

➠ Und denken Sie daran: *gutes Aussehen sagt nichts über Geschmack und Nährwert der Lebensmittel.*
Das gute Aussehen verdanken die Lebensmittel nicht selten künstlichen Zusatzstoffen, die das durch den Verarbeitungsprozeß Verlorengegangene »wiederherstellen«.
So werden Wurst und Fleischwaren wieder eingefärbt, damit sie auch appetitlich aussehen, Fertiggerichte bekommen Geschmacksverstärker, Verdickungsmittel, Emulgatoren, Konservierungsmittel u.ä., um mit unserer Kochkunst mithalten zu können.

Je stärker ein Lebensmittel verarbeitet wurde, um so geringer ist der Nährwert und um so höher der Anteil an Zusatzstoffen.
So werden jährlich ca. 9,6 Mio. t Konservierungs- und Farbstoffe, Geschmacksverstärker, Aromen, Säuremittel und andere Lebensmittelzusatzstoffe für etwa 1,2 Mrd. DM eingesetzt[30], obwohl bei vielen die Unbedenklichkeit noch umstritten ist und einige nachweislich gesundheitsschädlich sind.
Das In-Verkehr-bringen von Lebensmitteln wird durch das Lebensmittel- und Bedarfsgegenstände-Gesetz (LMBG) geregelt. Danach ist es untersagt, Lebensmittel herzustellen oder in den Verkehr zu bringen, die die menschliche Gesundheit schädigen, und Bedarfsgegenstände bei Lebensmitteln so zu verwenden, daß der Verzehr zu Gesundheitsschäden führen kann.
Das Maß der Schädigung scheint in Anbetracht der aufgeführten Schadstoffbelastungen relativ.

Schadstofffreie Nahrungsmittel gibt es nicht mehr, wohl aber schadstoffarme!

Diese können durch eine ökologische Landwirtschaft, ohne Mineraldünger, synthetische Pflanzenschutz- und Unkrautbekämpfungsmittel, unter Erhaltung der Dauerfruchtbarkeit des Bodens erzeugt werden.

0,2% der in der Bundesrepublik Deutschland landwirtschaftlich genutzten Fläche wird nach alternativen Methoden bewirtschaftet.[31]

Es gibt zur Zeit fünf Anbauorganisationen, die sich den strengen Richtlinien und Kontrollen der »Stiftung Ökologischer Landbau« verpflichtet haben.[4]

➡ Achten Sie auf diese Namen und Markenzeichen, die für kontrollierten biologischen Anbau bürgen:

Was die einzelnen Siegel aussagen:

Bioland
Organisch-biologisch erzeugt,
rückstandsfrei,
keine laufende Schadstoffkontrolle

Demeter
Biologisch-dynamisch erzeugt,
rückstandsfrei,
keine laufende Schadstoffkontrolle

ANOG
Biologisch erzeugt,
rückstandsfrei,
keine laufende Schadstoffkontrolle

Biokreis Ostbayern
Biologisch erzeugt,
rückstandsfrei,
keine laufende Schadstoffkontrolle

Naturland
Biologisch erzeugt,
rückstandsfrei,
keine laufende Schadstoffkontrolle

- ⇒ Kaufen Sie möglichst schadstoffarme und naturbelassene Lebensmittel.
- ⇒ Achten Sie bei verpackten Lebensmitteln auf die Inhaltsstoffe! Sie müssen laut Lebensmittelgesetz in mengenmäßig abnehmender Reihenfolge deklariert sein.
- ⇒ Informieren Sie sich über Zusatzstoffe. Sie sind als E-Nummer auf der Verpackung angegeben. Bei den Verbraucherzentralen erhalten Sie eine Zutatenliste mit Informationen zu E-Nummern und Gesundheitsgefährdungen durch Zusatzstoffe (wie beispielsweise von Farbstoffen wie Tartrazin und Amaranth, die beide allergieverdächtig sind).

Falls Sie unsere Ernährungs- und Einkaufstips gerne ausprobieren möchten, werden Sie feststellen, daß durch die Umstellung Ihrer Eßgewohnheiten der anfangs höhere Preis der Naturkostprodukte wieder ausgeglichen wird. Denn viele teure Lebensmittel wie Fleisch, Gebäck und Süßspeisen, Fertiggerichte, Süßigkeiten und Alkohol fallen weg oder werden weniger gegessen.

Denken Sie auch daran:
- Eine gesunde Ernährung spart auch Arzt- und Arzneimittelkosten!
- Ebenso die Kosten für die Überproduktion konventioneller Landwirtschaft, die mittlerweile bei einem 4-Personen-Haushalt mit 2 000,– DM pro Jahr über die Steuergelder mitbezahlt werden.[31]
- Als Nebeneffekt, aber mit großer Bedeutung, sparen Sie umweltbelastende Verpackungen und Schadstoffe aus Verpackungen; denn das Zubereiten und Konservieren von Lebensmitteln führt zwangsweise zum Verpacken. Hinzu kommen Einweggetränkeverpackungen, die mit einem Anteil von 10% unnötig die Müllberge vergrößern.
- Kaufen Sie daher lieber lose, unverpackte Ware und meiden Sie Einweggetränkeverpackungen.

Eine Zusammenfassung unserer umwelt- und gesundheitsbewußten Ernährungs- und Einkaufstips finden Sie wieder in der Tabelle auf den folgenden Seiten.

Ernährung: Umwelt-, Spar- und Gesundheitstips auf einen Blick

Maßnahmen	Einsparung	Wirkung auf Umwelt	Gesundheit
⇑ Ernähren Sie sich gesund, d.h. – nicht zuviel, zu süß und zu fett, – wenig Genußmittel, – abwechslungsreich – und vollwertig, – mit viel Obst, Gemüse, Getreide, Milchprodukten und – wenig Fleisch. ⇑ Wenn Sie Fleisch kaufen, dann – wenig Schweinefleisch; – verzichten Sie möglichst auf Innereien wie Leber und Nieren; – in Fachgeschäften, Bio-Läden, Supermärkten, die schadstoffarmes Fleisch führen; – erkundigen Sie sich vorher nach Strahlenmeßwerten. ⇑ Kaufen Sie keine energieintensiven Produkte wie Treibhausgemüse. ⇑ Kaufen Sie lieber saisongemäß frische Ware aus der näheren Umgebung. ⇑ Kaufen Sie die Ware nicht nach dem Aussehen.	durch Reduzierung der Krankenkosten, der Überproduktion landwirtschaftlicher Güter sowie des Verpackungsaufwands • • •	Erhaltung der Energieressourcen, Reduzierung der Luftverschmutzung und des Verpackungsmülls • • •	Erhaltung der Gesundheit und Verlängerung der Lebenserwartung • • •

Maßnahmen	Einsparung	Wirkung auf	
		Umwelt	Gesundheit
↑ Bevorzugen Sie Naturkost aus kontrolliertem Anbau. ↑ Kaufen Sie möglichst schadstoffarme und naturbelassene Lebensmittel. ↑ Achten Sie bei verpackten Lebensmitteln auf die Inhaltsstoffe! ↑ Informieren Sie sich über Zusatzstoffe. ↑ Kaufen Sie unverpackte Ware. ↑ Meiden Sie möglichst Einwegverpackungen.	durch Reduzierung der Krankenkosten, der Überproduktion landwirtschaftlicher Güter sowie des Verpackungsaufwands	Erhaltung der Energieressourcen, Reduzierung der Luftverschmutzung und des Verpackungsmülls	Erhaltung der Gesundheit und Verlängerung der Lebenserwartung

Verzehren wir unsere Umwelt?

Müll
gesondert betrachtet

Müll bzw. Abfall definiert das Abfallbeseitigungsgesetz als eine bewegliche Sache, deren sich ihr Besitzer entledigen will oder deren geordnete Entsorgung im Interesse des Allgemeinwohls liegt.
Reststoffe, die über Abluft oder Abwasser den Betrieb verlassen, sind ausgenommen.
An die öffentliche Müllbeseitigung wurden 1987 etwa 100 Mio. t Müll angeliefert. Er teilte sich wie folgt auf:

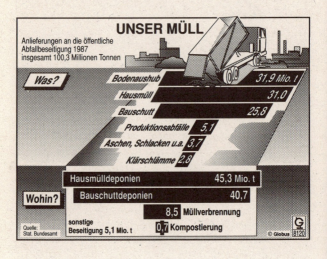

Dazu kommen noch etwa 400 Mio. t an landwirtschaftlichen Abfällen, Industrieabfällen und Klärschlamm aus kommunalen Anlagen, die auf andere Weise entsorgt bzw. deponiert wurden.
Trotz hoher Recyclingquoten landen immer noch etwa 31 Mio. t Hausmüll auf den Deponien. Bei dieser Zahl wurden zwar auch hausmüllähnliche Gewerbeabfälle berücksichtigt, etwa die Hälfte davon kommt jedoch aus den privaten Haushalten.[32]

Umgerechnet entledigt sich jeder von uns jährlich von rund 260 kg Haus- und 30 kg Sperrmüll. Ein Wegwerfrekord, der uns immerhin im internationalen Vergleich den 6. Rang einbrachte.[33] Bei den Kunststoffverpackungen liegen wir mit den USA und Japan an der Spitze.

Schauen wir uns an, was uns diese unschöne Meisterschaft beschert:

Zur Zeit werden 85% des Mülls auf Deponien eingelagert und verbrannt.

Durch regionale Erschöpfung der Deponie- und Anlagenkapazitäten, erhöhtes Sondermüllaufkommen bei zum Teil veralteten Verbrennungsanlagen, Wegfall der Hochseeverbrennung und Sanierungsbedarf von Altlasten, *droht die Bundesrepublik Deutschland in einem Müllfiasko zu ersticken.*

Mit dem Bau von 20 bundesweit geplanten Müllverbrennungsanlagen für je ca. 1,5 Mrd. DM und steigenden Müllgebühren soll dem begegnet werden.

Die Müllverbrennung ist in Abhängigkeit von der Müllzusammensetzung und der technischen Ausrüstung der Verbrennungsanlage mit mehr oder weniger starken umweltschädigenden Emissionen verbunden. Neue Grenzwerte sollen für die Zukunft Abhilfe schaffen.

Es bleiben hochbelastete Schlacken und Reinigungsrückstände, die schließlich als Sondermüll entsorgt werden müssen.

Alles in allem keine erfreuliche Zukunftsperspektive!

Daher ist jeder von uns gefordert, sein Konsum- und Wegwerfverhalten zu überprüfen, denn:
Wo kein Müll entsteht, muß auch nichts beseitigt werden.
Müllvermeidung steht also vor Müllverwertung!

Vermeiden kommt vor Verwerten

Nach dem Abfallbeseitigungsgesetz werden Müllverbrennung und -verwertung gleichrangig betrachtet.

Schauen wir uns an, woraus sich unser Müll zusammensetzt:

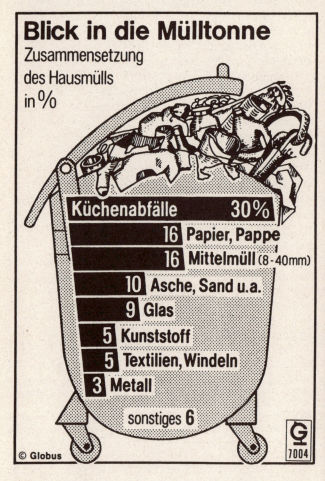

Blick in die Mülltonne
Zusammensetzung des Hausmülls in %

- Küchenabfälle 30%
- 16 Papier, Pappe
- 16 Mittelmüll (8-40mm)
- 10 Asche, Sand u.a.
- 9 Glas
- 5 Kunststoff
- 5 Textilien, Windeln
- 3 Metall
- sonstiges 6

© Globus

Durch Getrenntsammeln und Recycling landet heute nicht mehr der ganze Inhalt dieser Mülltonne auf der Deponie oder bei der Verbrennung. Vorrangig sollte uns jedoch interessieren, was wir tun können, damit es erst gar nicht zu solch überquellenden Mülltonnen kommt.

Wertvolle Rohstoffe wie Papier und Pappe, Kunststoffe, Glas, Weißblech und Aluminium werden als Verpackungsmaterialien eingesetzt. 30% des Mülls bestehen allein aus Resten der Nahrungsmittelzubereitung. Die Ursachen für die große Verschwendung liegen in unserer Wohlstandsgesellschaft, geprägt durch
- Konsumbedürfnisse, die durch die Werbung gefördert werden,
- Verkleinerung der Haushalte,
- Ausbau von Selbstbedienungsläden und
- Vergrößerung des Marktangebotes an Import- und Fertigprodukten.

Das tägliche Kochen – früher oft ein not- und zeitaufwendiges Muß – ist teilweise überflüssig geworden durch ein vielseitiges, gut verpacktes Angebot an Fertigprodukten.
Damit hielt die Verpackung Einzug in die Haushalte: 200 Mrd. Verpackungen gehen jährlich über den Ladentisch und machen damit 30% des Gesamtmülls und 50% des Volumens aus.[35] Die Verpackungen schluckten 1980 6% des Primärenergieverbrauchs[36] und belasten zur Zeit bei einem Umsatz von 31 Mrd. DM jeden Bundesbürger mit rund 500,– DM jährlich.
Verpackungen werden immer zweimal bezahlt: einmal beim Kauf und das zweite Mal bei der Beseitigung!

10% des Verpackungsmülls besteht aus Einweggetränkeverpackungen.
Einwegverpackungen vergrößern nicht nur das Müllvolumen, sondern haben – mit Ausnahme der Kartonverpackungen für Milch und Fruchtsäfte – im Vergleich zum Mehrwegpfandsystem einen größeren Energieverbrauch, einen durchschnittlichen Flaschenumlauf vorausgesetzt.
Das Umweltbundesamt ermittelte folgende Zahlen für Herstellung und Verpackung:

Pfandflasche (incl. Reinigung)	0,17 kWh
Einwegglasflasche	1,64 kWh
Weißblechdose	1,9 kWh
Aluminiumdose	3,5 kWh

Vermeiden kommt vor Verwerten

Das sieht dann optisch so aus:

Energieverbrauch unterschiedlicher Verpackungsformen für 1 Liter Bier, in Fernsehminuten umgerechnet

Energieeinsparung durch die Wahl der Pfandflasche in Fernsehminuten

Mehrwegpfandflasche
17 Minuten

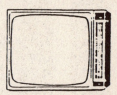

Einwegglasflasche
156 Minuten

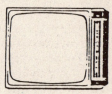

139 Minuten

Einwegweißblechdose
195 Minuten

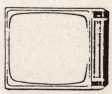

178 Minuten

Einwegaluminiumdose
379 Minuten

362 Minuten

(Stromverbrauch des Fernsehers 240 Watt)

Hinzu kommen:
- größere Umweltbelastungen und
- höhere Herstellungskosten

Wie hoch sind die Herstellungspreise? Verpackungskosten für Mehrweg- und Einwegbehälter für Bier (durchschnittliche Umlaufzahlen berücksichtigt).

| 3,4 Pfg Euroflasche 0,5 l | 3,4 Pfg Vichyflasche 0,33 l | 19,6 Pfg Einwegflasche 0,5 l | 14,6 Pfg Einwegflasche 0,33 l | 31,0 Pfg Dose 0,5 l | 22,6 Pfg Dose 0,33 l |

Kartonverpackungen für Milch- und Fruchtsäfte haben nach neuen Erkenntnissen eine günstigere Öko-Bilanz als Mehrwegflaschen. Berechnet wurden Rohstoff-, Wasser- und Energieverbrauch sowie Gewässer- und Luftbelastung bei Produktion und Entsorgung. Sie machen 1% des Hausmülls aus und lassen sich bei Deponierung im Gegensatz zu ausrangierten Glasflaschen im Verhältnis von 1:10 zusammenpressen.[40, 41]

Getränkeeinwegverpackungen verdrängten das Mehrwegsystem im Vergleich zu 1970 von 85% auf 74,4%. Zur Müllvermeidung will die Bundesregierung gemäß dem Abfallgesetz die funktionierenden Mehrwegsysteme stabilisieren bzw. ihren Anteil erhöhen. Kunststoffgetränkeflaschen (mit 0,2–3 l) wurden 1988 mit 0,50 DM Pfand belegt. Die Regelung gilt seit dem 1. 12. 1989.

Eine andere Form der Müllreduzierung bzw. -beseitigung ist das **Recycling**: zur Zeit werden in 130 Anlagen rund 3 Mio. t Rohstoffe durch Mülltrennung wiedergewonnen (HA v. 14. 9. 1988, Bericht des Bundesverbandes der Deutschen Entsorgungswirtschaft (BDE), anläßlich der »Entsorger 88«).

Als Begründung wird die Rückgewinnung wertvoller Rohstoffe genannt, unter Berücksichtigung wirtschaftlicher und ökologischer Kriterien, wobei letztere erst nachrangig betrachtet werden.

Insbesondere Verpackungsmaterialien werden durch Recycling verarbeitet:
- Glas: bis 50%, das sind 0,6 Mio. t = 18 Mio. DM
- Papier und Pappe:
  bis 50%, das sind 3,2 Mio. t = 128 Mio. DM
- Weißblech: o.A.; 0,2 Mio. t = 4 Mio. DM

Rohstoffe für das Recyclen fallen entweder direkt beim Herstellungsprozeß oder durch die Hausmülltrennung an. Die *Mülltrennung* in den Haushalten erspart das teure Sortieren des Mülls. Sie wird in vielen Bundesländern mit Erfolg praktiziert. Für Papier, Glas und zum Teil Weißblech stellen die Kommunen Sammelcontainer zur Verfügung.

Leider wird die Haushaltsmülltrennung von den Kommunen (von wenigen Ausnahmen abgesehen) nicht durch Senkung der Müllbeseitigungsgebühren honoriert. Für die Zukunft stehen eher Erhöhungen an.

Auch sind Möglichkeiten und Effektivität der Verwertung stark vom Rohstoff und der technischen Verarbeitung abhängig.

Allgemein gilt: je häufiger ein Material wiederverwendet wurde, um so schlechter wird die Qualität des Produktes. Neue Rohstoffe müssen zugesetzt werden.

Glas, Papier und Weißblech gehören mit zu den wichtigsten Verpackungsmaterialien. Sie lassen sich relativ gut verwerten, wodurch Energie und Rohstoffe eingespart werden.

Besonders deutlich wird dies am Beispiel der Papierherstellung:

Verbrauchswerte für 1000 kg Papier aus:			
	Zellstoff	Holzstoff	Altpapier
Wasserverbrauch: (in m^3)	115	16	16
Abwasserbelastung: (kg CSB*)	70	5	6
Energieverbrauch: (in kWh)	7300	4300	1300
* = Chemischer Sauerstoffbedarf			

Mittlerweile gibt es eine breite Palette von Produkten aus Altpapier, von Briefblocks und Kuverts über Schulhefte bis hin zu Toilettenpapier.

Aber auch das Recyclen ist mit Umweltbelastungen verbunden: Bei der Verarbeitung von *Altpapier* verunreinigen Schwermetalle aus Druckfarben die Abwässer. Viele Betriebe arbeiten deshalb mit geschlossenem Wasserkreislauf. Die Schwermetallschlämme müssen entsorgt werden.
Beim Einschmelzen von *Altglas* kann nur ein begrenzter Anteil an Buntglas verwendet werden. Bei der Schmelze treten Fluoremissionen auf.
Weißblech läßt sich gut magnetisch vom Müll trennen, muß aber aufwendig vom Zinn befreit werden.
Auch wenn sich eine Verwertung anbietet, sollten bei bestimmten Rohstoffen vorrangig Verpackungsalternativen überprüft werden. Dies trifft besonders für *Aluminium* zu. Einerseits als Verpackungsmaterial vielseitig einsetzbar, ist aber die Herstellung mit hohem Energieverbrauch, großer Umweltbelastung und geologischen Veränderungen durch den Abbau des Rohstoffs Bauxit verbunden. Die Herstellung von 1 kg Aluminium braucht 80 kWh und liefert 2 kg Rotschlamm als Sondermüll. Deshalb unsere Empfehlung:
➡ Meiden Sie Aluminium als Verpackungsmaterial.
Einige Rohstoffe lassen sich zur Zeit nicht oder nur bedingt recyclen.
Zum Beispiel *Kunststoff*: Eigenschaften und Umweltverträglichkeit hängen von der Art des verwendeten Kunststoffes ab. Eines haben sie (von wenigen Ausnahmen abgesehen) alle gemeinsam: sie bestehen aus dem knappen Rohstoff Erdöl und brauchen viel Energie bei der Herstellung. Auf der Deponie bleiben sie unter Licht- und Sauerstoffabschluß weitgehendst erhalten, das heißt: Kunststoffe werden nicht abgebaut! Herstellung und Verbrennung sind oft mit Umweltbelastungen verbunden. Das Recyclen würde sich hier anbieten.

Was viele Hersteller mit ihren Produktionsabfällen bereits tun, ist bei Kunststoffmüll aus den Haushalten durch die vielen verschiedenen Materialien und eine fehlende Kennzeichnung der Kunststoffe kaum möglich. Gebräuchliche Kunststoffe wie Polyethylen (PE), Polypropylen (PP), Polystyrol (PS), Polyvinylchlorid (PVC), Polyvinylidenchlorid (PVDC) und Polyethylenterephtalat (PET) lassen sich nicht zusammen verarbeiten. Die Kommunen führen zur Zeit kaum noch Kunststoffsammlungen durch, zumal auch Recycling-Produkte Absatzschwierigkeiten haben. Wir empfehlen deshalb:

➡ Meiden Sie Kunststoffverpackungen.

Aufgrund der fehlenden Kennzeichnung läßt sich hier keine Einschränkung vornehmen. Die Bundesregierung fordert zur Zeit für PVC eine freiwillige Kennzeichnung. Die Industrie arbeitet jetzt an neuen *umweltfreundlichen Verpackungen*: biologisch abbaubare und sich selbstauflösende Kunststoffe, Verpackungsmaterialien aus Stärke oder neuartige Mehrzweckeinkaufskoffer sollen bald dem Verbraucher dienen.[35]

Bis es soweit ist, heißt es immer noch:

➡ Vermeiden Sie Überverpackungen.
➡ Vermeiden Sie Einweg- und Wegwerfprodukte.
➡ Nutzen Sie Mehrwegsysteme.
➡ Benutzen Sie eine Tasche oder einen Korb zum Einkaufen. (In der BRD wurden 1986 2,8 Mrd. Plastik- und Papiertaschen »verbraucht«.)
➡ Lassen Sie sich in die Robinsonliste eintragen, um die Zusendung unbestellter Werbesendungen zu verhindern. Dadurch sinkt das Altpapieraufkommen. Die Adresse erhalten Sie bei den Verbraucherzentralen.
➡ Unterstützen Sie das Recyceln durch Ihre Mülltrennung. Es lohnt sich auf jeden Fall für die Umwelt.

So werden jährlich 340 000 t Altreifen verwertet und kommen runderneuert auf die Straßen. In ihrer Qualität können sie mit neuen Reifen mithalten. Abnehmer für Altreifen sind Tankstellen und Reifenhändler.

Auch das Aufbereiten von *Küchenabfällen* lohnt sich: Obwohl sie zu 30% im Hausmüll enthalten sind, steckt die großtechnische Kompostierung von Hausmüll noch in den Anfängen.
1984 wurden von 8,9 Mio. t kompostierfähigen Abfällen lediglich 545 757 t verarbeitet. Begründet wird dies mit Absatzschwierigkeiten und hohen Schwermetallbelastungen des Kompostes.
Beim Haushaltskompost ist die Belastung geringer.
➡ Versuchen Sie, Ihre Küchenabfälle selber im Garten, beim Nachbarn oder bei Freunden zu kompostieren. Sie erhalten dafür gute, nährstoffreiche Blumen- oder Gartenerde. Mit einer speziellen Wurmkiste ist das Kompostieren auch auf dem Balkon möglich. Erkundigen Sie sich bei Ihrer Umweltberatung, welche Möglichkeit für Ihren Haushalt in Frage kommt und welche Materialien kompostiert werden können.

Wiederverwerten lassen sich auch *Textilien*. Gut erhaltene Stücke werden von Secondhandläden in Zahlung genommen oder lassen sich auf Flohmärkten oder im Freundeskreis absetzen. Ausrangierte Textilien werden von vielen caritativen Verbänden kostenlos eingesammelt. Sogar Stoffreste lassen sich wiederverwenden, z.B. zur Papierherstellung.
➡ Erkundigen Sie sich bei Ihrer Stadtreinigung oder Umweltberatung.

Einige Abfälle müssen gesondert behandelt und beseitigt bzw. deponiert werden. Dieser Sondermüll entsteht produktionsbedingt, bei der Verbrennung (z.B. Stäube, Filter u.ä.) und ist auch im Hausmüll enthalten.
Folgende Produkte sind als **Sondermüll** zu betrachten und gehören nicht in den Mülleimer, sondern zur Sondermüllsammlung:
- *Batterien und Akkus jeder Art*
  (für Spielzeug, Phono-, Foto-, Hör- und Haushaltsgeräte, Sofortbildkassetten, Uhren, Taschenlampen u.ä., Start- und Autobatterien, Geräte mit integrierten Akkus)
  450 Mio. Batterien werden jährlich verbraucht. Sie enthalten Schadstoffe wie z.B. Quecksilber, Blei und Cadmium.

Seit September 1988 hat sich der Handel freiwillig verpflichtet:
1. den Quecksilbergehalt von Alkali-Mangan-Zellen bis Ende des Jahres 1988 auf 0,15% und möglichst bis 1993 auf weniger als 0,1% zu reduzieren*,
2. Alkali-Mangan-Zellen mit mehr als 0,1% und schadstoffreiche Knopfzellen, Starterbatterien und Akkus mit dem Iso-Zeichen zu kennzeichnen und

3. ab April 1989 überall dort zurückzunehmen, wo auch Batterien verkauft werden. Batterien mit einem Quecksilberanteil von weniger als 0,1% nahm der Handel nur in der Übergangszeit an. Sie sollten auch jetzt nicht in den Hausmüll, sondern zu den Sondermüllsammelstellen gegeben werden.
Autobatterien nehmen auch Tankstellen und Autowerkstätten entgegen.
- *Leuchtstoffröhren, Energiesparlampen und Thermometer*,
  weil auch sie Quecksilber enthalten.
- *Produkte aus dem Heimwerker- und Gartenbereich* (Lack- und Farbreste, Holz- und Rostschutzmittel, Verdünner und Lösemittel wie Pinselreiniger, Terpentin, Reinigungsbenzin, Nitroverdünner, Aceton, ebenso Säuren, Laugen, Beizen, Pflanzenschutzmittel, Unkrautbekämpfungsmittel, Klebstoffe, Lametta u.ä.). Sie enthalten Lösemittel, Schwermetalle, chlorierte Kohlenwasserstoffe, Säuren und Laugen.

---

* Alkali-Mangan-Zellen lassen sich heute schon mit einem Quecksilbergehalt von 0,025% herstellen (StiWa 12/88). Ein Recycling wird dann aber für den Handel uninteressant. Für quecksilberarme Knopfzellen (Zink-Luft-) gibt es schon seit 1984 das Umweltzeichen.

- *Produkte für die Haushalts- und Textilpflege*
  (Reinigungs- und Pflegemittel, Fleckentferner, Imprägniermittel, Schuhputzmittel, Wachse u.ä.)
- *Medikamente und Kosmetika*
  Alt-Medikamente nehmen viele Apotheken an. Sie sind aber nicht dazu verpflichtet.
- *Altöl, Frost- und Unterbodenschutzmittel, ölverschmierte Lappen*
  Aufgrund der Gewässer- und Schadstoffbelastung müssen alle Öl-verkaufenden Händler bzw. Geschäfte Altöl zurücknehmen. Ein Liter Öl reicht aus, um eine Million Liter Trinkwasser ungenießbar zu machen.
  Altöl enthält polychlorierte Biphenyle (PCB). Es wird bis maximal 20 ppm PCB-Gehalt recycled und bei höherer Belastung nach der Neufassung des Abfallbeseitigungsgesetzes als Sondermüll verbrannt.
- *Chemikalienreste, Gifte und Salze*
  (z.B. aus privaten Fotolabors und Chemiebaukästen)
- *Spraydosen* und andere Behälter
  mit Resten der genannten Abfallarten
- *PVC-Reste*
  von Fußboden- und Wandplatten, Teppichen und Kunststoffbeschichtungen sowie *Kunststoffabfälle* jeglicher Art, wenn vor Ort eine getrennte Kunststoffsammlung bzw. -beseitigung besteht
- *Kühl- und Gefriergeräte*
  Sie enthalten als Kältemittel und in den Isolierschäumen Fluor-Chlor-Kohlenwasserstoffe (FCKW). In einigen Städten werden die Kältemittel der Geräte zentral (z.B. bei den Stadtreinigungen) oder dezentral durch Mobilstationen entsorgt. Seit Anfang des Jahres enthalten neue Geräte 50% weniger FCKW in der Isolierung. Ein alternatives Kältemittel wird zur Zeit noch nicht eingesetzt.
  Behandeln Sie deshalb Ihr altes Gerät nicht als Sperrmüll, sondern erkundigen Sie sich bei Ihrer Umweltberatung nach einer umweltverträglichen Entsorgung. Das Kältemittel Ihres Gerätes kann dann in neuen Geräten wiederverwertet werden und belastet nicht die Umwelt. Die Entsorgung der Dämmstoffe wird mittlerweile auch schon von einigen Kommunen vorgenommen.

- *PCB-haltige Kondensatoren und Geräte mit PCB-haltigen Kondensatoren*
  Waschmaschinen, Trockner, Geschirrspüler, Bügelmaschinen, Ventilatoren, Pumpen, Rasenmäher, Leuchtstoffröhren u.a. können polychlorierte Biphenyle (PCB) enthalten. Neuere Geräte ab Baujahr 1984 enthalten PCB-freie Isolierflüssigkeiten.[37] Auskünfte sind bei den Umweltberatungen einzuholen.

➡ Sondermüll kann entweder direkt bei den Betriebshöfen der Stadtreinigungen, beim Umweltbus oder anderen Abfallbeseitigungsfirmen abgegeben werden. Erkundigen Sie sich bei den Stadtreinigungen oder Ihrer Umweltberatung.

➡ Denken Sie daran: *Produkte optimal einsetzen und pflegsam benutzen.*
Ob ein sichtbarer Rest eines Verbrauchsgutes mit umweltschädlichen Inhaltsstoffen anfällt oder durch Aufbrauchen erst gar nicht entsteht, hängt in erster Linie von der Häufigkeit der Benutzung und Haltbarkeit ab. So hält z.B. die Autobatterie länger, wenn sie regelmäßig gewartet wird.

Vermeiden, Vermindern, Entgiften!

Das sind drei Grundsätze, nach denen jeder Haushalt individuell zur Erhaltung des Allgemeinwohls, der Umwelt und der eigenen Gesundheit beitragen kann.

Dabei will Ihnen unsere Übersicht auf den nächsten Seiten helfen.

Müll: Tips zum Vermeiden, Vermindern und Entgiften auf einen Blick

Maßnahmen	Einsparung	Wirkung auf Umwelt	Gesundheit
einmalig: 🔺 Konsumverhalten überprüfen. **laufend:** *Vor dem Kauf:* 🔺 Kaufwunsch und individuellen Nutzen überdenken. 🔺 Alternativen und Produktqualität überprüfen. Produkte sollten – langlebig, reparaturfreundlich und pflegeleicht (Tests der StiWa beachten), – schadstoffarm und möglichst »umweltfreundlich« bei Produktion, Gebrauch und Beseitigung sein. *Beim Kauf:* *allgemein:* 🔺 Vorzugsweise Produkte wählen mit guter Qualität, mit Umweltzeichen, aus Altstoffen oder umweltverträglichen Rohstoffen, mit wenig Verpackungsaufwand, mit Netzbetrieb.	von Aufwendungen zur Müllbeseitigung, Energie- und Rohstoffgewinnung und Verpackung (läßt sich pauschal nicht addieren)	Erhaltung von Energie- und Rohstoffressourcen und einer gesunden Umwelt	Erhaltung eines gesunden Lebens, auch für spätere Generationen . . . . .

Vermeiden kommt vor Verwerten

Maßnahmen	Einsparung	Wirkung auf Umwelt	Wirkung auf Gesundheit
⬆ Wegwerferzeugnisse (z.B. Einwegkameras, Feuerzeuge u.ä.), Einwegverpackungen (für z.B. kohlensäurehaltige Getränke) und Überverpackungen (z.B. Kosmetik-Präsentartikel, Portionsverpackungen) meiden. *produktbezogen:* ⬆ Einkaufstasche mitnehmen, Papier- und Plastiktaschen bzw. -tüten meiden. ⬆ Wasch-, Reinigungs- und Körperpflegeprodukte in Konzentraten oder mit Nachfüllpackung kaufen. ⬆ Soweit möglich lose, nicht verpackte Ware wählen (z. B. Aufschnitt, Käse, Gebäck, Süßigkeiten). ⬆ Aufschnitt und Käse in Pergamentpapier einwickeln lassen. ⬆ Nicht mehr als nötig von einem Produkt kaufen (aber auch keine kleinen Einzelportiönchen wie bei Kaffeesahne). ⬆ Bei Lebensmitteln wiederverwendbare Verpackung (z. B. Schraubgläser) wählen. ⬆ Vermeiden Sie Sondermüll, d.h. z.B. – wenn Batterien, dann möglichst Akkus oder quecksilberfreie Batterien kaufen.	von Aufwendungen zur Müllbeseitigung, Energie- und Rohstoffgewinnung und Verpackung (läßt sich pauschal nicht addieren)	Erhaltung von Energie- und Rohstoffressourcen und einer gesunden Umwelt	Erhaltung eines gesunden Lebens, auch für spätere Generationen . . . .

Maßnahmen	Einsparung	Wirkung auf Umwelt	Wirkung auf Gesundheit
(Die »Frische« einer Batterie ersehen Sie meist aus der Codierung auf der Unterseite: Die ersten beiden Ziffern kennzeichnen den Monat, die letzte das Herstellungsjahr, z.B. »088« steht für August '88, »040« steht für April '90.) – Lösemittelfreie bzw. -verminderte Produkte (z.B. bei Lacken, Farben, Klebstoffen u.ä.) kaufen. ⬆ Haushaltschemikalien begrenzen. ⬆ Umweltfreundlichere Mittel kaufen (z.B. Gallseife statt lösemittelhaltiges Fleckenmittel). *Beim Gebrauch:* ⬆ Produkte optimal einsetzen und pflegsam benutzen. ⬆ Anfallende Lebensmittelreste in vorhandenen Geräten einfrieren. ⬆ Lebensmittelverpackungen wiederverwenden (Material beachten). ⬆ Zeitschriftenabos mit Freunden und Bekannten teilen. ⬆ Alu- und Frischhaltefolien durch wiederverwendbare Verpackungen ersetzen. ⬆ Alternativen zu chemischen Produkten einsetzen. ⬆ Keine Holzschutzmittel für den Innenbereich verwenden.	von Aufwendungen zur Müllbeseitigung, Energie- und Rohstoffgewinnung und Verpackung (läßt sich pauschal nicht addieren)	Erhaltung von Energie- und Rohstoffressourcen und einer gesunden Umwelt	Erhaltung eines gesunden Lebens, auch für spätere Generationen . . . .

Vermeiden kommt vor Verwerten

Maßnahmen	Einsparung	Wirkung auf Umwelt	Wirkung auf Gesundheit
⬆ Stark beanspruchte Batterien (z.B. von Kameras) für Geräte mit geringerer Leistung (z.B. Walkman) benutzen. ⬆ Tonerkartuschen und Farbbänder für Computerdrucker wiederverwenden. Fragen Sie Ihre Umweltberatung! ⬆ Abfallmenge durch Mülltrennung reduzieren: – Papier, Glas (kein Fensterglas) und Weißblech in Sammelcontainer bringen. – Textilien (und Papier) an caritative Sammlungen oder auch Bekannte und Secondhandläden geben. – Altreifen zu Tankstellen oder Reifenhändler bringen. – Küchenabfälle kompostieren oder dafür sorgen, daß sie kompostiert werden. – Kunststoffsammlung bei den Stadtreinigungen erfragen. – Sondermüll zur Sondermüllsammlung bringen. ⬆ *Abfall vermeiden statt verwerten!*	von Aufwendungen zur Müllbeseitigung, Energie- und Rohstoffgewinnung und Verpackung (läßt sich pauschal nicht addieren)	Erhaltung von Energie- und Rohstoffressourcen und einer gesunden Umwelt	Erhaltung eines gesunden Lebens, auch für spätere Generationen . . . . .

Einkaufstips
nützen, Umwelt schützen

Wir leben in einer Wohlstandsgesellschaft, in der uns die freie Marktwirtschaft mit dem Segen von Tausenden unterschiedlicher Produkte überhäuft.
Es bleibt die Qual der Wahl!
Die Entscheidung und Marktübersicht werden zusätzlich erschwert durch
- Verkaufsstrategien (Werbung, Produkt- und Verkaufsraumgestaltung u.ä.) und
- Anbieter-Kooperationen, die zu Produktbaugleichheiten führen.

Unserer Rolle als kritischer Konsument gerecht zu werden, wird immer schwieriger. Mit unseren Wünschen nach preisgünstigen, hochwertigen und umweltverträglichen Produkten werden wir oft allein gelassen.

Schauen wir uns die Ursachen und ihre Folgen etwas genauer an:
Konzentrationen im Einzelhandel führten zu Selbstbedienung in Supermärkten und Abnahme von kleineren Läden. Besonders stark ist der Lebensmitteleinzelhandel betroffen.
Ebenso abgenommen hat das beratende Verkaufsgespräch. Die Ware verkauft sich selbst, durch die Verpackung! Die *Verpackung* ist Informations-, aber auch Verkaufsträger. So täuschen aufwendige Verpackungen einen interessanten Inhalt vor, und Großpackungen zwingen zum Mehrkonsum.
Auch wenn anfangs ein Preisvorteil winkt, denken Sie daran: Verpackungen müssen immer zweimal bezahlt werden. Einmal beim Einkauf, das zweite Mal durch die Abfallbeseitigung.
➡ Umweltfreundlicher ist daher der Kauf von loser, unverpackter Ware. So können Sie z.B. bei Lebensmitteln die Mengen selbst bestimmen, ohne daß zu Hause etwas verdirbt und im Mülleimer landet.

- Wenn Sie verpackte Ware kaufen, dann mit einer umwelt- und lebensmittelverträglichen Verpackung (vergleiche Kapitel »Müll«). Versuchen Sie, Verpackungen (wie z.B. Quark- und Joghurtbecher) wieder zu benutzen.
- Kaufen Sie kohlensäurehaltige Getränke möglichst in Pfandflaschen.

Mit der Verkleinerung der Haushalte hielten die Fertiggerichte Einzug in die Verkaufsregale.
Und mit ihnen *Zusatzstoffe*, die das Aussehen und die Haltbarkeit der Lebensmittel beeinflussen (vergleiche Kapitel »Ernährung«).

- Kaufen Sie lieber unbehandelte Ware, möglichst ohne Zusatzstoffe und Verarbeitung.
- Kaufen Sie Obst, Gemüse, Fleisch und Aufschnitt nicht nur nach dem Aussehen. Unbehandelte Lebensmittel verändern sich immer, wenn sie nicht sofort gegessen werden. Monokulturen, Massentierhaltung, Im- und Export von z.B. Obst und Gemüse bringen für die Verbraucher ein großes und preiswertes Angebot, aber auch *Rückstände* in die Lebensmittel.
- Wählen Sie Produkte aus biologischer Landwirtschaft. Sie enthalten nachweislich weniger Rückstände an Pflanzenschutzmitteln und Nitrat und haben z.T. einen besseren Nährwert. Orientieren Sie sich beim Einkauf an den Markenzeichen der entsprechenden Anbauorganisationen (vergleiche S. 98).
- Durch Einkaufsgemeinschaften sparen Sie lange Einkaufwege, Nerven und Benzin. Ebenfalls ein persönlicher Beitrag an die Umwelt.
- Erkundigen Sie sich bei Ihrer Umwelt- oder Verbraucherberatung nach Adressen für Bio-Kost!

Die wachsende Umweltsensibilität der Konsumenten wird werblich ausgenutzt. Werbeaussagen wie »biologisch abbaubar«, »umweltfreundlich«, »natürlich« u.ä. sagen wenig aus. Biologisch abbaubar ist nahezu alles, es ist nur eine Frage der Zeit und der Umweltbelastung!
Die Bio-Werbung ist zur Zeit noch eine Grauzone in der Gesetzgebung. Lassen Sie sich nicht verunsichern. Häufig wird mit Selbstverständlichkeiten geworben, die gesetzlichen Auflagen unterliegen!

Deshalb wollen wir nun einen kleinen **Überblick über die wichtigsten Produktkennzeichen und Einkaufshilfen** geben:

Durch den Bundesminister des Innern und die Umweltminister der Länder 1977 ins Leben gerufen, vergibt die »Jury Umweltzeichen« zur Förderung umweltverträglicher Produkte das *Umweltzeichen*.

Die Vergabe dieses Gütesiegels erfolgt vertraglich nach genau festgelegten Kriterien, die dem Hersteller und später auch dem Käufer bekannt sind. Für jedes ausgezeichnete Produkt muß der Hersteller eine Gebühr zahlen, erst dann darf er damit werben. Das Umweltzeichen fördert so auch den Wettbewerb!

Das Umweltzeichen ist in letzter Zeit verstärkt Bestandteil öffentlicher Kritik geworden. Begründet wird dieses unter anderem durch den Ansatz zur Beurteilung der Umweltfreundlichkeit. So werden z.B. Spraydosen als umweltfreundlich ausgezeichnet, obwohl sie Wegwerfprodukte und keineswegs umweltverträglich sind. Kriterium ist hier das FCKW-freie Treibmittel.
Zum besseren Verständnis wurde die Inschrift des Umweltzeichens von »umweltfreundlich, weil ...« in »Umweltzeichen, weil ...« abgeändert. Die neueren der zur Zeit rund 3 000 ausgewählten Produkte tragen dieses Kennzeichen. Das Umweltzeichen hilft Ihnen, umweltfreundlich einzukaufen!
Weitere Einkaufshilfen bieten
- übergeordnete Gesetze und
- auf Produkten erkennbare Test-, Sicherheits- und Gütezeichen, Gefahrensymbole u.ä.

Außer der Stiftung Warentest gibt es mittlerweile viele andere Prüfinstitutionen. Leider sind die angesetzen Kriterien nicht immer optimal und neutral, so daß unterschiedliche Ergebnisse für ein und dasselbe Produkt vorliegen können.

➡ Vergleichen Sie jeweils beim Test den Bewertungsansatz mit Gewichtung der Kriterien. Versuchen Sie, die Finanzierung des Tests zu erkunden.

Sicherheits- und Gütezeichen sind häufig Aushängeschilder für elektrische Geräte bzw. Lebensmittel und Bedarfsgegenstände. Sie garantieren in der Regel auch für die Sicherheit und Qualität der Produkte.

➡ Wenn Sie unsicher sind, erkundigen Sie sich bei Ihrer Verbraucherberatung!

Gefahrensymbole verweisen – da gesetzlich vorgeschrieben – auf mögliche Gefährdungen beim Produktgebrauch. (Die wichtigsten finden Sie auf S. 46).

➡ Meiden Sie diese Produkte, Ihre Gesundheit und Umwelt wird es Ihnen danken.

Nach dem Kauf sind richtiger Umgang mit und Pflege von Produkten, wie z.B. Geräten, Auto, Einrichtungsgegenständen, Maschinen und Werkzeugen, ein weiterer wichtiger Beitrag zur Erhaltung unserer Umwelt.
Denn: »Wir sind mit Riesenschritten in die heutige hochtechnisierte Welt geeilt, es wird aber Tausender und Abertausender von kleinen und kleinsten Schritten bedürfen, um aus der nahenden Umweltkrise herauszukommen.«[39]

Die naheliegendsten Schritte können Sie wieder mit Hilfe unseres anschließenden Maßnahmenkatalogs unternehmen.

Tips zum umwelt- und gesundheitsbewußten Einkauf

Maßnahme	Einsparung	Wirkung auf Umwelt	Gesundheit

einmalig:
🡒 Konsum- und Hygieneverhalten überprüfen.
 	
laufend:
🡒 kritisch, konsum- und umweltbewußt einkaufen, also
  – Kaufwunsch und individuellen Nutzen überdenken,
  – Alternativen überprüfen (z.B. Zeitschriftenabo, Gartengeräte mit Freunden oder Nachbarn teilen, Secondhandangebote beachten),
  – Investition, Produkteigenschaft und die möglichen Einsparungen gegeneinander abwägen (z.B.: wieviel Energie muß eingespart werden, damit sich der Mikrowellenkauf rentiert?).
🡒 Überlegt und nicht übereilt einkaufen (vor größeren Anschaffungen oder bei fehlenden Informationen Verbraucherberatung aufsuchen, Testergebnisse vergleichen, zum täglichen Einkauf Einkaufsliste mitnehmen).
	von Aufwendungen zur Beseitigung von Umweltschäden
	
	. . .
		Erhaltung von Energieressourcen und einer gesunden Umwelt
		
		. . .
			Erhaltung eines gesunden Lebens, auch für spätere Generationen
			
			. . .

124 Einkaufstips . . .

Maßnahmen	Einsparung	Wirkung auf Umwelt	Wirkung auf Gesundheit
➡ Möglichst Produkte mit folgenden Eigenschaften kaufen: – aus Altstoffen gefertigt, – gering, umweltverträglich – und mit wiederverwendbarem Material verpackt, – langlebig, – qualitativ gut – und reparabel (d.h. keine Einweg- und Wegwerfartikel, wie z.B. Feuerzeuge, Kugelschreiber, Partygeschirr u.ä.), – mit wenig Chemikalien und lärmarm arbeitend (z.B. Geschirrspüler), – nicht gesundheitsgefährdend – und schnell biologisch abbaubar (z.B. Wasch- und Reinigungsmittel), – gewässer- und ressourcenschonend mit geringen Wasser- und Energieverbrauchswerten, – emissionsarm (z.B. Heizungsanlage, Auto), – schadstoffarm (z.B. quecksilberfreie Batterien) – problemlos zu beseitigen, (Sondermüll vermeiden!) und – rückstandsfrei (z.B. Lebensmittel).	von Aufwendungen zur Beseitigung von Umweltschäden . . .	Erhaltung von Energieressourcen und einer gesunden Umwelt . . .	Erhaltung eines gesunden Lebens, auch für spätere Generationen . . .

... nützen, Umwelt schützen

Maßnahmen	Einsparung	Wirkung auf Umwelt	Gesundheit
▲ Mit Zutatenpaß – erhältlich bei der Verbraucherberatung – einkaufen. ▲ Einkaufsgemeinschaften bilden. ▲ Stets Einkaufskorb oder -tasche mitnehmen.	von Aufwendungen zur Beseitigung von Umweltschäden	Erhaltung von Energieressourcen und einer gesunden Umwelt	Erhaltung eines gesunden Lebens, auch für spätere Generationen

Anhang

Giftnotrufzentralen

Berlin	0 30	/ 30 23 30 22; 30 35 46 66
Bonn	02 28	/ 2 60 62 11
Braunschweig	05 31	/ 6 22 90
Bremen	04 21	/ 4 97 52 68
Freiburg	07 61	/ 2 70 43 00-01
Göttingen	05 51	/ 39 62 39; 39 62 10
Hamburg	0 40	/ 63 85 33 45-46
Homburg/Saar	0 68 41	/ 6 22 57; 16 28 46
Kiel	04 31	/ 5 97 42 68; 5 97 24 44
Koblenz	02 61	/ 4 99 64 8
Ludwigshafen	06 21	/ 50 34 31
Mainz	06131	/ 23 24 66-67
München	0 89	/ 41 40 22 11
Münster/Westf.	02 51	/ 8 36 24 5; 8 36 1 88
Nürnberg	09 11	/ 3 98 24 51
Papenburg	0 49 61	/ 8 31

Wichtige Adressen und Literatur

Allgemeines zum Umweltschutz

Adressen

Aktionsgemeinschaft
Pseudo-Krupp e.V.
Lechfeldstr. 11
8000 München 21
089/56 15 35

Allgemeine Deutsche
Patienten-Organisation e.V.
Hausener Weg 61
6000 Frankfurt 90
Tel. 069/78 78 10

Arbeitsgemeinschaft der
Verbraucherverbände
(AgV) e.V.
Heilsbachstr. 20
5300 Bonn 1
Tel. 02 28/64 10 11

Arbeitsgemeinschaft ökologischer Forschungsinstitute
(AGÖF)
Rheingasse 8–10
5300 Bonn 1
Tel. 02 28/63 01 29

Arbeitskreis Umwelt, Gesundheit und Ernährung
(A.U.G.E.) e.V.
Christian-Förster-Str. 19
2000 Hamburg 20
Tel. 040/40 26 97

Bremer Umweltinstitut für
Analysen und Beratung von
Schadstoffen e.V.
Wielandstr. 25
2800 Bremen 1
Tel. 0421/7 60 78

Bundesdeutscher Arbeitskreis für umweltbewußtes
Management (B.A.U.M.) e.V.
Christian-Förster-Str. 19
2000 Hamburg 20
Tel. 040/40 77 21 u.
4 91 40 08

Bundesminister für Raumordnung, Bauwesen und
Städtebau
Deichmannsaue
5300 Bonn 2
Tel. 02 28/33 71

Bund für Umwelt und Naturschutz Deutschland
(BUND) e.V.
Im Rheingarten 7
5300 Bonn 3
Tel. 02 28/4 00 97–0
(Herausgeber der Zeitschrift
»Natur und Umwelt«)

BUND Umweltzentrum
Stuttgart
Rotebühlstr. 84/1
7000 Stuttgart 1
Tel. 0711/61 33 32
(Bestelladresse für Begleitmappen zur ARD-Umweltserie »Globus«)

Bundesverband Bürgerinitiativen Umweltschutz
(BBU) e.V.
Prinz-Albert-Str. 43
5300 Bonn 1
Tel. 02 28/21 40 33

Greenpeace Deutschland
e.V.
Vorsetzen 53
2000 Hamburg 11
Tel. 040/3 11 86–0

Institut für Strahlenhygiene
Ingolstädter Landstr. 1
8042 Neuherberg
Tel. 089/38 74-0

Institut für Umweltkrankheiten
Liebenzeller Str. 25
3501 Emstal
Tel. 05624/80 61

Öko-Institut
Binzengrün 34 a
7800 Freiburg
Tel. 07 61/47 30 31

Robin Wood e.V.
Geschäftsstelle
St.-Pauli-Str. 10–12
2800 Bremen 1
Tel. 04 21/7 86 80

Stiftung Warentest
Beratungsstelle
Lützowplatz 11–13
1000 Berlin 30
Tel. 030/26 31–1
(Herausgeber der
Zeitschrift »Test«)

Umweltbundesamt (UBA)
Bismarckplatz 1
1000 Berlin 33
Tel. 030/8 90 31

Die Verbraucher Initiative
e.V.
Breite Str. 51
5300 Bonn 1
Tel. 02 28/65 90 44

World Wildlife Found
(WWF)
Sophienstr. 44
6000 Frankfurt 90
Tel. 069/77 06 77

Zentrale Erfassungs- und
Bewertungsstelle für
Umweltchemikalien
Thielallee 88/92
1000 Berlin 33
Tel. 030/83 08-0

Weitere Informationen und
Beratungen erhalten Sie bei
Ihrer zuständigen kommunalen Umweltberatung und
den Verbraucherzentralen.

Zeitschriften und Literatur
Natur
(Redaktionsanschrift)
Isartorplatz 5
Postfach 260153
8000 München 26
Tel. 089/2 37 28–0

Öko-Test
Mainzer Landstraße 147
6000 Frankfurt 11
Tel. 069/75 80 05 19

Test (Stiftung Warentest)
Lützowplatz 11–13
Postfach 4141
1000 Berlin 30
Tel. 030/26 31–1

Alternatives Branchenbuch.
Verlags- und Vertriebsgesellschaft für umweltfreundliche Produkte,
München 1988/89,
ALTOP-Verlag
Gotzingerstr. 48
8000 München 70
Tel. 089/7 25 80 43

Arbeitsgemeinschaft der
Verbraucherverbände e.V.
Verbraucherrundschau:
Haushaltmittel – weniger
Chemie tut's auch.
Zu beziehen über: AgV e.V.,
Heilsbachstr. 20
5300 Bonn 1

Bundesministerium des Inneren (Hrsg. der Schriftenreihe):
Was Sie schon immer über
Umweltschutz wissen
wollten.
Was Sie schon immer über
Umweltchemikalien wissen
wollten.
Was Sie schon immer über
Wasser und Umwelt wissen
wollten.
Was Sie schon immer über
Luftreinhaltung wissen
wollten.
Was Sie schon immer über
Lärmschutz wissen wollten.
Was Sie schon immer über
Auto und Umwelt wissen
wollten.
Was Sie schon immer über
Abfall und Umwelt wissen
wollten.
Alle bei W. Kohlhammer,
Stuttgart

Gege, Dr. M., H. Jung,
H.-J. Pick, Dr. G. Winter:
Das Öko-Sparbuch für
Haushalt und Familie.
Mosaik Verlag,
München 1986

Kaiser, R. (Hrsg):
Global 2000. Der Bericht
an den Präsidenten.
Zweitausendeins,
Frankfurt/M. o.J.

Katalyse Umweltgruppe
Köln (Hrsg.):
Umwelt-Lexikon.
Kiepenheuer & Witsch,
Köln 1989 (2. Auflage)

Koch, E. R.:
Umweltschutz zu Hause.
Mosaik Verlag,
München 1985

Koch, E. R., A. Maywald,
R. Klopfleisch:
Entgiften – Was jeder tun
kann.
Mosaik Verlag,
München 1985

Vollmer, G., M. Franz:
Chemische Produkte im
Alltag.
dtv Thieme Verlag,
Stuttgart – New York 1985

Wicke, L.:
Die ökologischen Milliarden
– Das kostet die zerstörte
Umwelt, so können wir sie
retten.
Kösel, München 1986

Winter, G.:
Das umweltbewußte Unternehmen – Ein Handbuch
der Betriebsökologie mit
22 Check-Listen für die
Praxis.
C.H. Beck, München 1989
(2. Auflage)

Wasserschutz im Haushalt

Adressen

Abwassertechnische Vereinigung e.V.
Gesellschaft zur Förderung der Abwassertechnik e.V.
Markt 71
5205 Sankt Augustin
Tel. 0 22 41/22 00 5–08

Fachgruppe Wasserchemie in der Gesellschaft Deutscher Chemiker
Marchioninistr. 17
8000 München 70

Förderkreis »Rettet die Elbe« e.V.
Dreikatendeich 44
2103 Hamburg 95

Institut für gewerbliche Wasserwirtschaft und Luftreinhaltung e.V.
Unter Buschweg 160
5000 Köln 50
Tel. 0 22 36/39 09 11

Kuratorium für Wasserwirtschaft e.V.
Moltkestr. 76
5300 Bonn 2
Tel. 02 28/35 30 78–79

Länderarbeitsgemeinschaft Wasser (LAWA)
Calenbergstr. 2
3000 Hannover 1
Tel. 05 11/1 20–1

Literatur

Arbeitsgemeinschaft der Verbraucherverbände e.V.:
AGV-Verbraucherrundschau Nr. 10.
Rohstoff Wasser. Bonn 1984

Billen, G., O. Schmitz:
Der Alternative Verbraucher
– Rund ums Waschen –
Chemie im Haushalt.
Fischer alternativ Band I, Frankfurt/M. 1984

Bossel, H., H. J. Grommelt, Oeser, K.:
Wasser – Wie ein Element verschmutzt und verschwendet wird.
Umfassende Darstellung der Fakten, Trends und Gefahren.
Fischer, Frankfurt/M. 1982

Bredow, W.:
Regenwassersammelanlage.
Ein Leitfaden für Planung und Bau.
Ökobuch, Freiburg 1985

Bröker, A.:
Wasserversorgung alternativ
– Möglichkeiten und Grenzen.
C. F. Müller, Karlsruhe 1984

BUND-Umweltzentrum:
Wasser im Haushalt.
(BUND-Informationsmappe).
Zu beziehen über
BUND-Umweltzentrum,
Rotebühlstr. 84,
7000 Stuttgart 1

Krüger, H. W.:
Trinkwasser – Ein Lebensmittel in Gefahr.
Ullstein, Berlin 1982

Lahl, U., B. Zeschmar:
Kein Wasser zum Trinken.
Rowohlt, Reinbek 1984

Lahl, U., B. Zeschmar:
Wie krank ist unser Wasser? Die Gefährdung des Trinkwassers: Sachstand und Gegenstrategie.
Dreisam, Freiburg 1984

Waschmittel

Literatur
Lahl, U., J. Hermann, W. Milarch:
Öko-Ratgeber Waschmittel.
Edition Schangrila, Haldenwang 1985

Verbraucherzentrale Niedersachsen e.V.:
Waschzwänge –
Verbrauchertips gegen Werbegewäsch.
Hannover 1989
Zu beziehen über:
Verbraucherzentrale
Niedersachsen e.V.,
Georgswall 7,
3000 Hannover

Reinigungsmittel

Literatur
Öko-Test (Hrsg.):
Ratgeber Waschen und Putzen.
Rowohlt, Reinbek 1989

Stiftung Verbraucherinstitut:
Der neue Öko-Putzschrank.
Plakat mit wissenschaftlichem Begleittext.
Zu beziehen über: Stiftung Verbraucherinstitut, Reichpietschufer 72–76,
1000 Berlin 30

Lacke und Farben

Adressen
Arbeitsgemeinschaft
Holz e.V.
Füllenbachstr. 6
4000 Düsseldorf 30

Arbeitskreis Bauten- und Holzschutz e.V.
Holtfeld 101/111
4807 Borgholzhausen

Bremer Umwelt-Institut
Wielandstr. 25
2800 Bremen 1
Tel. 0 41 21/7 60 78

Bundesgesundheitsamt
Postfach 33 00 13
1000 Berlin 33

Bundesverband für Baubiologische Produkte e.V.
Buchenweg 8
7130 Mühlacker

Deutsche Gesellschaft für Holzforschung
Prannerstr. 9
8000 München 2

Deutsche Gesellschaft für
Wohnmedizin e.V.
Hagenbuchstr. 3
7513 Friedrichstal
Tel. 07249/6932
(Herausgeber der Zeitschrift
»Wohnmedizin«)

Institut für Baubiologie
Heilig-Geist-Str. 54
8200 Rosenheim

Institut für Bautechnik
Berlin
Reichpietschufer 72–76
1000 Berlin 30
Tel. 030/25031

Institut für Ökologische
Chemie der Gesellschaft
für Strahlen- und Umwelt-
forschung
8051 Attaching
Tel. 08161/81076

Interessengemeinschaft
der Holzschutzmittel-
geschädigten
Unterstaat 14
5250 Engelskirchen
Tel. 02263/3786

Universität Oldenburg /
Fachbereich Chemie
(Dr. W. Butte, Neubau)
2900 Oldenburg
Tel. 0441/7983783

Literatur
Arbeitsgemeinschaft Wohn-
beratung e.V.:
Anleitung und Hinweise für
Heimwerker.
Bonn-Duisdorf 1984
Zu beziehen über: Arbeits-
gemeinschaft Wohnbera-
tung e.V., Heilbachstr. 20,
5300 Bonn-Duisdorf

Bremer Umweltinstitut e.V.:
Gift im Holz. Bremen 1983.
Bremer Umweltinstitut e.V.,
Wielandstr. 25,
2800 Bremen 1

Bundesgesundheitsamt
(Hrsg.):
Vom Umgang mit Holz-
schutzmitteln – Eine Infor-
mationsschrift des Bundes-
gesundheitsamtes.
Berlin 1983
Zu beziehen über: Bundes-
gesundheitsamt, Thielallee
88–92, 1000 Berlin 33

Katalyse Umweltgruppe /
Gruppe für Ökologische
Bau- und Umweltplanung
(Hrsg.):
Das ökologische
Heimwerkerbuch.
Rowohlt, Reinbek 1985

Natur-Sonderheft
Bauen + Wohnen.
Ringier Verlag,
München 1985

Weissenfeld, P.:
Holzschutzmittel ohne Gift?
Holzoberflächenbehandlung
in der Praxis. Mit Rezepten
für die Herstellung von
Farben.
Ökobuch, Grebenstein 1985

Energie

Adressen
Arbeitsgemeinschaft
BIOGAS
Hoisbüttler Dorfstr. 5
2071 Ammersbeck 1

Arbeitsgemeinschaft für
sparsamen und umwelt-
freundlichen Energie-
verbrauch (ASUE) e.V.
Kurmainzerstr. 2
6230 Frankfurt-Hoechst
Tel. .069/31 90 98

Arbeitsgruppe für ange-
paßte Technologie (AGAT)
Menzelstr. 13
3500 Kassel
Tel. 05 61/8 04 53 08-04

BINE-Informationsdienst
Mechenstr. 57
5300 Bonn 1
Tel. 02 28/23 20 86

Bundesverband der Energie-
Abnehmer e.V.
Zeißstr. 72
3000 Hannover 81
Tel. 05 11/83 09 53

Bundesverband Energie,
Umwelt, Feuerungen e.V.
Memmingerstr. 60
7410 Reutlingen
Tel. 0 71 21/2 91 64

Deutsche Gesellschaft für
Sonnenenergie (DGS) e.V.
Augustenstr. 79
8000 München 40

Deutsche Gesellschaft für
Windenergie
Menschingstr. 1
3000 Hannover 1

Energiesparladen
Gartenstr. 2
8500 Nürnberg
Tel. 09 11/26 25 35

Gesellschaft für ökologische
Technologie und Energiebe-
ratung (Oekotec) e.V.
Jaderlangstr. 13
2933 Jade 1
Tel. 0 44 83/4 26

Institut für Energie- und
Umweltforschung (IFEU)
Im Sand 5
6900 Heidelberg
Tel. 06 21/1 01 01

Zentralstelle für Solar-
technik (GFHK-ZfS)
Verbindungsstr. 19
4010 Hilden

Weitere Informationen er-
halten Sie bei den Energie-
beratungsstellen Ihres zuständigen E-Werkes und
Ihrer Verbraucherzentrale.

Literatur
Arbeitsgemeinschaft
Energiebilanzen (Hrsg.):
Energiebilanzen der Bundes-
republik Deutschland.
Verlags- und Wirtschaftsge-
sellschaft der Elektrizitäts-
werke mbH-VWEW,
Frankfurt 1987

Arbeitsgemeinschaft
Wohnberatung e.V. (Hrsg.):
Wärmedämmstoffe und ihre
Anwendung.
Hannover 1987

Natur-Sonderheft
Bauen + Wohnen.
Wie wir Energie sparen
können.
Ringier Verlag,
München 1985

Seifried, D.,
R. Grießhammer:
Gute Argumente. Energie.
C.H. Beck Verlag,
München 1989 (2. Auflage)

Verbraucherzentrale Niedersachsen e.V. (Hrsg.):
Bauen und Wohnen.
Kostenfaktor Heizung.
Hannover, 4/89

Auto

Adressen
Allgemeiner Deutscher
Fahrradclub (ADFC) e.V.
Am Dobben 91
2800 Bremen
Tel. 04 21/40 52

Kraftfahrt-Bundesamt
Födestr. 16
2390 Flensburg
Tel. 04 61/8 31

Schutzverband der
Fußgänger für den Bereich
der BRD e.V.
Ebertplatz 1
5000 Köln 1
Tel. 02 21/12 20 89

Verkehrsclub der BRD
(VCD) e.V.
Kalkuhlstr. 24
5300 Bonn 3
Tel. 02 28/44 41 44

Literatur
Breuer, G.:
Das grüne Auto. Ein alternatives Verkehrskonzept.
Kösel, München 1983

Schneider, H. J.:
Autofahren umweltfreundlich. Fahrverhalten, Tempolimit, Katalysatortechnik,
Energiesparen.
BLV, München 1985

Umweltbundesamt (Hrsg.):
Was Sie schon immer über
Auto und Umwelt wissen
wollten.
Kohlhammer, Berlin 1983

Vieweg, Ch., P. Weyer:
Umweltschutz am Steuer.
Tips und Ratschläge für
umweltfreundliche Autofahrer.
Kösel, München 1985

Ernährung

Adressen
Arbeitsgemeinschaft
allergiekrankes Kind e.V.
Hauptstr. 29
6348 Herborn
Tel. 0 27 72/4 12 37

Bundeszentrale für gesundheitliche Aufklärung
Ostmerheimerstr. 200
5000 Köln 91
Tel. 02 21/89 92–1

Deutsche Gesellschaft für
Ernährung (DGE) e.V.
Feldbergstr. 28
6000 Frankfurt/Main 1
(berät kostenlos in 50 Städten der Bundesrepublik)

Ministerium für Ernährung,
Landwirtschaft und Forsten
Rochusstr. 1
5300 Bonn 1
Tel. 02 28/52 91

Naturkost e.V.
(Qualitätsinstitut)
Friedrichstr. 2
6233 Kelkheim
Tel. 0 61 95/7 40 74

- Beratungen und Informationen zu Schadstoffen in der Nahrung erhalten Sie in den zuständigen Verbraucherzentralen.
- Die aktuellen Strahlenwerte erhalten Sie bei den Gesundheitsämtern und Verbraucherzentralen.

Literatur

Hanssen, M.:
E=eßbar? Die E-Nummernliste der Lebensmittelzusatzstoffe.
Hörnemann, Bonn 1985

Katalyse Umweltgruppe (Hrsg.):
Chemie in Lebensmitteln.
Zweitausendeins,
Frankfurt/M. 1983

Katalyse Umweltgruppe (Hrsg.):
Was wir alles schlucken. Zusatzstoffe in Lebensmitteln. Mit Tips für den Verbraucher.
Rowohlt, Reinbek 1985

Katalyse e.V. (Hrsg.):
Das Ernährungsbuch. Lebensmittel und Gesundheit.
Kiepenheuer & Witsch,
Köln 1986

Koerber, K. W. von,
T. Männle, C. Leitzmann:
Vollwert-Ernährung. Grundlagen einer vernünftigen Ernährungsweise.
Haug, Heidelberg 1985

Mühleisen, I.:
Gute Argumente.
Ernährung.
Beck Verlag,
München 1988

Verbraucherzentrale Baden-Württemberg, Niedersachsen, Nordrhein-Westfalen und AGV e.V.:
Vollwert-Ernährung. Gesund und umweltschonend essen.
Stuttgart 1987

Verbraucherzentrale Hamburg (Hrsg.):
Bio-Liste.
Hamburg, Okt. 1988

Verbraucherzentrale Niedersachsen e.V.:
Besser essen für weniger Geld.
Hannover 1986

Müll

Adressen

Aktion saubere Landschaft e.V.
Friedrich-Ebert-Str. 17
4000 Düsseldorf 1
Tel. 02 11/35 07 32

Aluminium Zentrale
Postfach 1207
4000 Düsseldorf

Bundesverband Bürgerinitiativen Umweltschutz
(BBU) e.V.
(Anlaufadresse für Alu- und Weißblechschrott)
Prinz-Albert-Str. 43
5300 Bonn 1
Tel. 02 28/21 40 33

Bundesverband
der Deutschen Rohstoffwirtschaft e.V.
Brabanter Str. 8
5000 Köln 1
Tel. 02 21/25 30 68

Bundesverband Sonderabfallwirtschaft (BVS) e.V.
Am Weiher 11
5300 Bonn 3
Tel. 02 28/48 00 25-26

Informationszentrum
Weißblech e.V.
Kasernenstr. 36
4000 Düsseldorf

Institut für ökologisches
Recycling (IföR)
Kurfürstenstr. 14
1000 Berlin 30
Tel. 030/2 61 68 54

Weitere Auskünfte erteilen Ihnen die zuständigen Umweltämter und Stadtreinigungen.

Literatur
BUND (Hrsg.):
Brehm, E., W. Kerler:
Deponie Erde – Das große Buch vom Müll.

BUND (Hrsg.); A. Fußer:
Verpackung: Wie Umwelt und Verbraucher eingewickelt werden.
Bundfakten 1/88.

Stolpe, H., C. Weingau:
Wohin mit dem Giftmüll?
BBU-Argumente 6
Zu beziehen über:
BBU, Prinz-Albert-Str. 43,
5300 Bonn 1,
Tel. 02 28/21 40 33

Einkaufen

Informationen und Adressen sind bitte den jeweiligen Themenbereichen zu entnehmen.
Einkaufsberatungen und gezielte Produktinformationen erhalten Sie bei den zuständigen Beratungsstellen der Verbraucherzentralen und E-Werke.

Literaturnachweis

[1] Arbeitsgemeinschaft der Verbraucher (AGV) e.V. (Hrsg.): Rohstoff Wasser. Verbraucher Rundschau Nr. 10. Bonn Okt. 1984; S. 6

[2] Verbraucherzentrale Nordrhein-Westfalen e.V. (Hrsg.): Wasserschutzgebiet Haushalt. Düsseldorf 1987; S. 13–14

[3] M. Zimmermann: Der stete Tropfen muß nicht sein. Rationelle Hauswirtschaft. XXIV, Heft 5/87; S. 11

[4] Stiftung Warentest (Hrsg.): Unterschiede in der Umweltbelastung. Test 3/88. Berlin; S. 71

[5] Stiftung Warentest (Hrsg.): Wie Sie sinnvoll sparen können. Test 7/87. Berlin; S. 48, (ergänzt), S. 46; Einleitung

[6] Stiftung Verbraucherinstitut e.V. (Hrsg.): Der neue Öko-Putzschrank. Wissenschaftlicher Begleittext zum Plakat. Berlin 1988; S. 28, S. 102

[7] IKW (Hrsg.): Tätigkeitsbericht 1986. Frankfurt/Main; S. 3

[8] Otto-Versand (Hrsg.); Öko-Info Nr. 1 »Waschen«. 2. Auflage. Hamburg 1989

[9] Verbraucherzentralen Baden-Württemberg, Hamburg, Niedersachsen e.V.: Sonderdruck Öko-Waschzettel. Aktualisierte Fassung. Hannover 1986

[10] Stiftung Verbraucherinstitut e.V., IMSA (Hrsg.): Tagungsbericht. Umweltverträgliche Sauberkeit? Fragen bei der Nutzung von Waschmitteln im Haushalt. Berlin, Amsterdam, Zürich 1988; S. 34

[11] Herrmann, Mirlach, Lahl: Öko-Ratgeber Waschmittel. Edition Schangrila-Verlag, 1985

[12] Dr. M. Gege u.a.: Das Öko-Sparbuch für Haushalt und Familie. Mosaik-Verlag, München 1986; S. 56, S. 29

[13] UBA (Hrsg.): Das Umweltzeichen. Ausgabe 1988. Berlin; S. 32

[14] AGV (Hrsg.): Öko-Ratgeber Farben, Lacke. 11/88

[15] Arbeitsgemeinschaft Energiebilanzen (Hrsg.): Energiebilanzen der Bundesrepublik Deutschland. Verlags- und Wirtschaftsgesellschaft der Elektrizitätswerke mbH-VWEW. Frankfurt 1987

[16] Fachinformations-Zentrum Energie, Physik, Mathematik GmbH (Hrsg.): Erneuerung von Heizanlagen. Bine Projekt Info-Service 4/87. Bonn

[17] Verbraucherzentrale Niedersachsen und Nordrhein-Westfalen e.V. (Hrsg.): Bauen und Wohnen. Kostenfaktor Heizung. Hannover Nov. 1987; Einstieg, S. 17

[18] Arbeitsgemeinschaft Wohnberatung e.V. (Hrsg.): Wärmedämmstoffe und ihre Anwendung. Hannover 1987; S. 5

[19] Stiftung Warentest: Sonderheft Warmwasserbereitung. Berlin 1987; S. 9

[20] VCD (Hrsg.): Report und Entwurf zum Grundsatzprogramm des VCD. Nov. 1988
[21] Stiftung Warentest (Hrsg.): Verkehrsmittel und Umwelt. Besser mit Bus und Bahn. Test 8/87. Berlin; S. 66
[22] VCD (Hrsg.): Fiasko in der Luft. Fairkehr 12/88. Bonn; S. 14
[23] Stiftung Warentest (Hrsg.): Noch längst nicht alles geregelt. Test 10/88. Berlin
[24] Stiftung Warentest (Hrsg.): Umwelt: Abgasentgiftung. Umrüsten lohnt sich oft. Test 5/86. Berlin
[25] Stiftung Warentest (Hrsg.): Abgemagert. Test 12/86. Berlin
[26] DER SPIEGEL: Aussterbende Spezies. DER SPIEGEL Nr. 51/88
[27] ACE (Hrsg.): Fünfter in der Kolonne. ACE-Lenkrad 8/88
[28] Stiftung Warentest (Hrsg.): Saubermacher im Auspuff. Test 2/87. Berlin
[29] UBA: Was Sie schon immer über Auto ... Neuauflage. Kohlhammer, Berlin 1983
[30] Minister für Ernährung, Landwirtschaft und Forsten des Landes Nordrhein-Westfalen: Umweltschutz beginnt zuhause. Okt. 1984
[31] Verbraucherzentrale Hamburg: Bio-Liste 10/88
[32] Hochrechnungen des Umweltbundesamtes 1989
[33] Globus-Kartendienst vom 17.8.87, Graphik Nr. 6745
[34] Umweltbundesamt (Hrsg.): Daten zur Umwelt 1986/87. Erich Schmidt Verlag, Berlin 1986
[35] DER SPIEGEL: Weihnacht 1988 – Fest der Verpackung. DER SPIEGEL Nr. 52/88
[36] BUND (Hrsg.), Andreas Fußer: Verpackung: Wie Umwelt und Verbraucher eingewickelt werden. Bundfakten 1/88
[37] Stiftung Warentest (Hrsg.): Neuerungen. Test 12/88. Berlin; S. 8
[38] Stiftung Warentest (Hrsg.): Test 2/89. Berlin
[39] Aktion saubere Schweiz (Hrsg.): 63 Tips für Umweltbewußte. Zürich
[40] M. P. Lundholm, G. Sundström: Ressourcen- und Umweltbeeinflussung Tetra Brik Aseptic-Kartonverpackungen sowie Pfandflaschen und Einwegflaschen aus Glas. Malmö 1985
[41] M. P. Lundholm, G. Sundström: Ressourcen- und Umweltbeeinflussung durch zwei Verpackungssysteme. Malmö 1986

Bildnachweis

Seite	Hrsg./Verfasser	Quelle
13	Hamburger Wasserwerke	Wassersparen – Umwelt schützen
14	Hamburger Wasserwerke	Wassersparen – Umwelt schützen
15	DER SPIEGEL	Nr. 32/1988, Seite 49
17	Hamburger Wasserwerke	Wassersparen – Umwelt schützen
38	Arbeitsgemeinschaft Pflegekennzeichen für Textilien in der BRD	Kurzfassung der Richtlinie für die Pflegekennzeichnung von Textilien; Stand 1985
39	Verein für Umwelt im Textilreinigerhandwerk	Symbol »Umwelt und Reinigung«
46	nach: Dr. M. Gege u.a.	Das Öko-Sparbuch für Haushalt und Familie, Mosaik-Verlag, München 1986
64	Arbeitsgemeinschaft für sparsamen und umweltfreundlichen Energieverbrauch (ASUE) e.V.	Erdgas und Umwelt, 1990, Bild 1
68	Arbeitsgemeinschaft der Verbraucherverbände (AgV) e.V.	Verbraucherinformation: Energie (Zeichnung: R. Mandt, Bad Godesberg)
72	D. Seifried, R. Grießhammer	Gute Argumente: Energie. C.H. Beck Verlag, München 1986
83	Umweltbundesamt	Was Sie schon immer über Auto und Umwelt wissen wollten, S. 191
87	Umweltbundesamt	Was Sie schon immer über Auto und Umwelt wissen wollten, S. 203
98	nach: Öko-Test	Nr. 2/89, S. 60
102	Globus-Kartendienst GmbH, Hamburg	
104	Globus-Kartendienst GmbH, Hamburg	
106	Umweltbundesamt	1986
107	BUND	BUND-Fakten 1/88
121	Stiftung Warentest, AGV, ZDF	Verbraucher-Info. 1982
122	Umweltbundesamt	GS- und VDE-Zeichen

Alle Umweltzeichen mit freundlicher Genehmigung des Umweltbundesamtes, Berlin.

Die A.U.G.E. e.V.

Jetzt den ersten Schritt tun
A.U.G.E. führt als gemeinnützig anerkannter Verein das seit März 1985 in Hamburg erfolgreich durchgeführte Modell »Umweltberatung für Haushalte und Kommunen« fort. Hier arbeiten Naturwissenschaftler und weitere Experten an aktuellen Fragen des Gesundheits-, Umwelt- und Verbraucherschutzes. Ein namhaftes Kuratorium unterstützt A.U.G.E.

Die Idee:
1. A.U.G.E. will die Umweltproblematik sachlich darstellen.
2. A.U.G.E. will zu einem umweltbewußten Verhalten beitragen. Dadurch wird die Umwelt geschont, die Gesundheit geschützt und die Haushaltskasse entlastet.
3. A.U.G.E. will den Beruf des geschulten Umweltberaters für Haushalt und Kommune weiter entwickeln.
4. A.U.G.E. will Ökonomie und Ökologie verbinden.
5. A.U.G.E. will das gute, umweltverträgliche Produkt.

Und das sind unsere Ziele:
Individuelle Beratung »vor Ort« für Haushalt, Familie, Verbraucher, Kindergarten, Schule und kommunale Verwaltung: praktische und erprobte Hinweise zum vorbeugenden Gesundheits- und Umweltschutz!
Aufklärung über mögliche Gesundheitsrisiken und Umweltgefahren beim Umgang mit einzelnen Produkten.
Schaffung des Berufsbildes Umweltberater und somit zukunftssichere Arbeitsplätze.

Nur gemeinsam packen wir's:
A.U.G.E. ist unbequem – aber konstruktiv.
A.U.G.E. sucht den Dialog für eine gemeinsame Lösung mit allen Verantwortlichen.
A.U.G.E. will Multiplikator sein.

Das Ergebnis:
Eine weitere Sensibilisierung der Menschen.
Ein aktives umweltverträglicheres Verhalten.
Eine Verbesserung der Umwelt durch aktive Gesundheitsvorsorge und vorbeugenden Umweltschutz.

Unsere Adresse:
Christian-Förster-Straße 19
Postfach 20 11 10
2000 Hamburg 20

Ich will mitmachen!
- ☐ Ja, ich will etwas tun für den Umweltschutz und unterstütze A.U.G.E. e.V.:
- ☐ mit DM 10,– im Monat, dafür erhalte ich kostenlos
  - ➡ 1 Öko-Sparbuch (empfohlen im Ratgeber Gesundheit)
  - ➡ den 2monatigen Info-Dienst mit Tips zum gesunden und umweltbewußten Handeln und Leben
  - ➡ Umweltberatung sowie eine Spendenbescheinigung
- ☐ mit einer einmaligen Spende
- ☐ bar ☐ Scheck ☐ Überweisung
  bei der Hamburger Sparkasse, BLZ 200 505 50,
  A.U.G.E.-Spendenkonto Nr. 1011/214655
- ☐ mit einem regelmäßigen Förderbeitrag von DM _____
- ☐ monatlich ☐ jährlich
  A.U.G.E.-Spendenkonto Nr. 1011/214 655
  Hamburger Sparkasse, BLZ 200 505 50

Name/Vorname: _____

Straße: _____

PLZ/Wohnort: _____

Datum/Unterschrift: _____

Einzugsbevollmächtigung:
Hiermit ermächtige ich A.U.G.E. e.V., bis auf Widerruf meinen Förderbeitrag von meinem Konto durch Lastschrift einzuziehen:
Lastschrift von DM _____ Förderbeitrag ab _____
von meinem Konto bei

Bank _____

Konto-Nr. _____ BLZ _____

Wenn das Konto die erforderliche Deckung nicht aufweist, besteht keine Verpflichtung des Geldinstituts, die Lastschrift auszuführen.
Datum _____ Unterschrift _____

Die angegebenen Daten werden unter strenger Beachtung der Datenschutz-Vorschriften automatisiert zum Zwecke von A.U.G.E. e.V. bearbeitet. Sie werden keinem Dritten zugänglich gemacht.
Ich möchte Informationen über
- ☐ den Fernlehrgang »Geprüfter Wohn- und Umweltberater«
- ☐ das EDV-Energie-Wassersparprogramm
- ☐ den A.U.G.E. Kinder-Umwelt-Klub-International (K.U.K.I.)
- ☐ die Ziele und Aktivitäten des Bundesdeutschen Arbeitskreises für umweltbewußtes Management (B.A.U.M.) e.V. Hamburg

Bitte legen Sie als Kostenerstattung DM 4,– in Briefmarken bei.

Register

Abgasentgiftung 84–86
Abwässer 16, 22
Allzweckreiniger 49
Alternativwaschmittel 33, 34
Altglas 109
Altöl 113
Altpapier 109
Altreifen 110
Aluminiumabfälle 109
Anbau
– biologischer 98, 120
– ökologischer 98
Appretur 31
Aufheller, optische 29–30
Auto
– Kauf 89, 91
– Pflege 89–90
– Schadstoffausstoß 82–83
– Waschen 20

Backofenreinigungsmittel 51
Batterie 111, 117
Baukastensystem 25
Beleuchtung 70–71, 76
Benzin 86–87
Bindemittel 57
Bio-Produkte 98, 120
Bleichmittel 29
Bügelmaschine 78

Chemikalienreste 113

Deckenfarbe 59
Dieselkraftstoff 87
Durchflußbegrenzer 18

Einhebelmischbatterie 18
Einweggetränkeverpackung 105–107
Energiesparen 65–81
Energieverbrauch 63–65, 94
Enthärter 28–29

Ernährungstips 96–101
Erste-Hilfe-Tips 45, 53–55
Essig 50

Fahrverhalten 87–89, 92
Feinwaschmittel 32, 36
Fleckenbehandlung 37–42
Formspüler 31

Gefahrensymbole 46, 122
Geschirrspülmaschine 19, 79
Geschirrspülmittel 50
Giftnotrufzentralen 127
Grundwasser 14
– Verknappung 16
Gütezeichen 122

Haushaltsgeräte 71–73, 77
Hausmüll, Zusammensetzung 104
Heizung 66–69, 74–75
Heizungsanlage
– Neuanschaffung 66–67
– Überprüfung 66
Herd 79
Holzschutzmittel 60–61
Hygieneverhalten 24

Katalysator 84–86
Kleingeräte 80
Kompostierung 111
Kühl- und Gefriergeräte 80, 113
Kunststoffabfälle 109

Lacke
– konventionelle 57
– wasserlösliche 57–58
Lebensmittelzusatzstoffe 97, 99
Lederimprägniermittel 52
Leimfarbe 59
Leuchtstoffröhre 112

Lösemittel 56, 57
Lüften 67

Massentierhaltung 95
Medikamente 113
Mehrwegpfand-
 flasche 105–107
Mineralfarbe 59
Möbelpflege 51
Monokultur 95
Müll
– Beseitigung 103
– Trennung 108, 118
– Verursacher 102

Nahrungsmittelproduk-
 tion 94
Naturanstriche, lösemittel-
 reduzierte 58
Naturfaser 25
Naturharzdispersions-
 farbe 59
Naturholzlasur 59
Naturlacke 58
Nitrat 14

Pestizidrückstände 15, 95, 120
Pflegemittel 45–55
Phosphat 22

Raumtemperatur 67
Recycling 102, 107–110
Regenwasseranlage 17
Reinigungsmittel 45–55

Scheuermittel 50
Schmierseife 50
Schwermetalle 96–97
Sicherheitszeichen 122
Silberputzmittel 52
Silikatfarbe 59
Sondermüll 48, 111–114
Spezialreiniger 49
Spraydose 11, 113
Stärken 31

Steifen 31
Stellmittel 29

Tenside 23, 28
Teppichreinigung 51
Textilien, Pflegekenn-
 zeichen 38
Thermostatventil 67
Toilettenspülung 18, 19
Trinkwasser 13–16
Trinkwasserverordnung 15
Trockenhilfen 31

Umweltzeichen 121–122

Vergiftung 45, 53–55
Verpackung 109, 110, 116, 119–120
Verpackungsmüll 105–107
Vollwaschmittel 32, 37

Wandfarbe 59
Wärmedämmung 68
Warmwasserberei-
 tung 69–70, 76
Wäschetrockner 78
Waschmaschine 19, 26, 43, 77
Waschmittel
– Auswahl 32–37, 44
– Baukastensystem 25, 35–36
– Inhaltsstoffe 26–33
– phosphatfreie 32
Waschtemperatur 26, 43
Waschtips 25–27, 43–44
Waschverstärker 30
Wasser
– Einsparung 17–20
– Schadstoffbelastung 14, 21
– Verbrauch 16
Wasserhahn 19
Wasserhärte 43
WC-Reiniger 51
Weichspüler 31